"그 어린 아이들을 안고 그들 위에 안수하시고
축복하시니라." 마가복음 10:16

축복 기도

김열방 지음

기도
추천도서

축복하면 자녀가 잘된다
축복하면 남편이 변한다
축복하면 사업이 커진다
축복하면 질병이 낫는다

날개미디어

"축복 기도하는 사람이 되라"

당신은 축복 기도하기를 좋아합니까?

나는 축복 기도하는 것을 많이 좋아합니다.

매일 새벽에 눈을 뜨면 침대에 걸터앉아 습관을 따라 성령님께 인사하고 도움을 구하며 하루를 출발합니다.

"성령님, 안녕하세요? 감사합니다. 사랑합니다. 행복합니다. 오늘도 거룩한 삶을 살게 해주세요."

그리고 아직 자고 있는 아내와 아이들을 위해 조용히 축복 기도를 합니다. 잠이 깨지 않도록 그들의 이마나 머리에 살짝 손을 대고 중얼거리며 축복합니다.

"주님, 축복하소서."

하루도 빼지 않고 매일 그렇게 할 수는 없지만 기회가 될 때마다 합니다. 당신도 그렇게 하면 좋습니다.

"내 남편은 나를 위해 축복 기도해 주지 않아요."

남편이나 자녀, 부모가 나를 위해 축복 기도해 주기를 바라는 것이 아니라 내가 조용히 그렇게 하면 됩니다.

그러면 가족에게 성령님의 강한 임재와 기름 부으심이 있게 되고 성령님이 그들의 마음을 만지십니다. 또한 그들의 모든 삶에 하나님의 복이 풍성히 임합니다.

이삭은 아들 야곱에게 마음껏 축복했고 그대로 다 이루어졌습니다. 이삭이 말했습니다. "내가 그를 위하여 축복하였은즉 그가 반드시 복을 받을 것이니라."(창 27:33)

야곱은 주의 종으로서 바로 왕을 축복했습니다. "야곱이 바로에게 축복하고 그 앞에서 나오니라."(창 47:10)

많은 그리스도인들이 가족을 위해 담대하게 축복 기도를 하지 못하고 있습니다. 그들은 이렇게 말합니다.

"우리는 주의 종이 아닙니다. 아브라함, 이삭, 야곱, 요셉, 모세, 다윗, 솔로몬, 베드로, 요한과는 달라요."

베드로전서 2장 9절에 "너희는 왕 같은 제사장들이요"라고 했습니다. 모든 그리스도인에게는 '축복권'이 있습니다. 그동안 내가 축복한 가족과 친척, 친구들에게 많은 복이 실제로 임했습니다. 그들에게 구원과 치유가 임했고 결혼하고 몇 년 동안 자녀가 없던 사람이 아들을 낳았습니다. 가난한 사람이 부요해졌고 집이 없던 사람은 집을 샀고 그들의 사업이 크게 성장했습니다. 그리고 내가 그들에게 예수 이름으로 안수할 때 성령과 은사가 임했습니다.

당신도 예수 이름으로 축복 기도를 많이 하십시오.

나도 지금까지 다른 사람의 축복 기도를 받으며 성장해 왔습니다. 어릴 때 주의 종들에게 축복 기도를 받던 내가 이제는 다른 사람을 축복하는 사람이 되었습니다.

나는 모든 것에 부족한 사람이었습니다. 그런 내가 주의 종들의 축복 기도를 통해 많은 복을 받은 것입니다.

예수님은 구원자이자 안수자이고 축복자이십니다.

히브리서 13장 8절에 "예수 그리스도는 어제나 오늘이나 영원토록 동일하시니라"고 했습니다. 그분은 2,000년 전에도 구원하고 치유하고 안수하고 축복하셨고 지금도 구원하고 치유하고 안수하고 축복하시는 분입니다.

성경에 예수님이 안수하며 축복하시는 장면이 나옵니다. "그 어린 아이들을 안고 그들 위에 안수하시고 축복하시니라."(막 10:16) 이때 예수님이 안수하신 것은 치유나 축사를 위함이 아니었습니다. 그분은 아이들을 안고 정성껏 축복 기도를 하셨습니다. 이 얼마나 아름답고 멋진 장면입니까? 당신도 아이들에게 축복 기도를 해주십시오.

나는 어릴 때 부모님으로부터 많은 축복 기도를 받았습니다. 나의 부모님은 김재오 장로님과 오미진자 권사님인데, 아들 셋 중에 내가 둘째로 태어나 자랐습니다.

부모님은 자나 깨나 아들 삼형제가 잘되게 해 달라고 축복 기도를 하셨습니다. 그 기도가 모두 응답되어 내가 이렇게 그리스도 안에서 말할 수 없이 행복하고 모든 것이 번성하게 되었습니다. 얼마나 감사한지 모릅니다.

평생 갚을 수 없는 귀한 은혜입니다.

내가 부모님께 받은 유산은 10억, 100억의 돈이나 땅과 빌딩, 좋은 머리나 뛰어난 재능이 아닙니다. 그보다 억만 배나 크고 귀한 믿음의 유산 곧 '축복 기도'입니다.

그리고 내가 처가댁에 가면 장모님이 나와 우리 가정을 늘 축복하셨습니다. 그분은 언제나 환하게 웃으며 "너희들이 잘되는 것은 모두 하나님의 은혜다. 하나님이 더 많은 복을 주시기를 원한다. 뭐니 뭐니 해도 건강이 최고다. 건강을 잘 챙겨라"며 축복하셨습니다. 만약 양가 부모님이 우리를 축복하지 않고 저주했다면 어떻게 되었을까요?

이렇게 많은 복을 받지는 못했을 것입니다.

"자식을 저주하는 부모도 있나요?"

있습니다. 그들은 입버릇처럼 이렇게 말합니다.

"바보, 멍청한 놈, 돌대가리야."

당신도 혹시 그런 말을 했다면 회개하십시오.

나의 부모님은 늘 축복의 말만 하셨습니다. 형제들끼리도 서로에게 저주하는 말을 하지 않고 축복의 말만 했습니다. 나는 두 살 터울의 형과 동생이 있는데 그들의 입에서 한 번도 저주의 말이 나오는 것을 들은 적이 없습니다.

나도 날마다 그들을 축복했습니다. "하나님, 형과 동생에게 복에 복을 더하시고 지경을 넓혀 주시고 주님의 손으로 도와주소서. 환난과 근심이 없게 하소서."

우리는 저주와 반대되는 축복의 말을 해야 합니다.

"네가 태어나서 너무 감사해."
"너는 억만장자가 될 거야."
"크게 성공할 거야."
"너는 천재야, 지혜로운 사람이야."
"너는 다 잘 될 거야."

나는 어릴 때부터 그런 말을 들으며 자랐습니다.

그리고 20대에 신령한 주의 종들을 만나 안수 받으며 축복 기도를 받을 때 그런 예언의 말을 여러 번 들었습니다. 한 강사님은 집회에서 나를 보자마자 말했습니다.

"자네는 지혜가 있어."

그리고 내게 안수하며 축복 기도를 해주셨습니다.

나는 주의 종들에게 축복 기도 받는 것을 좋아했고 그렇게 기도 받은 것 중에 많은 것이 이루어졌습니다.

당신도 혼자서만 기도하지 말고 축복 기도를 받기 위해 움직이십시오. 나는 그동안 존경하는 믿음의 선배들에게 영적인 유산을 상속받고자 애썼는데, 어떻게 했을까요?

첫째, 그분들이 쓴 책을 사서 읽고 깨달음을 얻는 것이었고 둘째, 직접 찾아가서 상담한 후에 축복 기도를 받는 것이었습니다. 당신도 나처럼 그렇게 하면 됩니다.

보통은 심각한 문제나 불치의 병이 있어야 목사님을 찾아가서 안수 받을 수 있다고 생각하는데 그렇지 않습니다.

나는 몸에 병이 없었기 때문에 치유를 위한 안수 기도가 필요하지 않았지만 주의 종을 찾아가서 축복을 위한 안수 기도를 받았습니다. 당신도 목사님에게 찾아 가서 축복 기도를 부탁하십시오. 특별 심방을 요청해도 됩니다.

심방을 받으면 자연스럽게 온 가족이 축복 기도를 받게 됩니다. 이 때 반드시 안수 기도를 부탁해야 합니다. 안 그러면 예배 중에 몇 마디 축복 기도하는 것으로 끝날 것입니다. 주의 종들에게 축복 기도 받기를 사모하십시오.

인간적으로 주의 종과 친하게 지내려는 사람이 있는데 어리석은 생각입니다. 그러면 영적인 관계를 망칩니다.

주의 종은 양들에게 주의 말씀을 전하고 축복 기도를 해주는 사람입니다. 주의 종이 안수할 때 양들에게 하나님의 복이 임하고 귀신이 떠나가고 병이 치유됩니다.

주의 종은 신령한 것을 담아 전달하는 그릇이며, 이것을 가장 가치 있는 일로 여겨야 합니다.

당신의 몸에 병이 없고 생활에 문제가 없어도 주의 종을 자주 찾아가서 축복 기도를 많이 받으십시오. 주의 종이 당신을 위해 안수하며 축복 기도해 준다는 것이 얼마나 귀한 일입니까? 다른 무엇과도 비교할 수 없습니다.

그리고 원수를 위해 축복하며 기도하십시오. 이것은 당신의 몸과 마음의 건강을 위해서도 꼭 필요한 것입니다.

예수님은 모든 사람을 축복하라고 말씀하셨습니다.

"너희 원수를 사랑하며 너희를 미워하는 자를 선대하며 너희를 저주하는 자를 위하여 '축복하며' 너희를 모욕하는 자를 위하여 기도하라."(눅 6:28)

당신은 120세까지 건강하고 부요하고 행복하게 살 것입니다. 예수님은 "네 믿은 대로 될지어다"(마 8:13)라고 말씀하십니다. 그리스도 안에서 질병과 단명에 대한 믿음을 버리고 건강과 장수에 대한 믿음을 가지십시오. 그러면 그대로 될 것입니다. 오늘도 축복 기도를 많이 합시다.

당신을 억만 번이나 축복합니다.

2024년 7월 20일

김열방 목사

[목차]

"너희 원수를 사랑하며 너희를 미워하는 자를 선대하며
너희를 저주하는 자를 위하여 축복하며
너희를 모욕하는 자를 위하여 기도하라."

누가복음 6:27~28

영으로 축복 기도를 하라

당신은 작가를 만나러 간 적이 있습니까?

나는 30대에 수천 권의 책을 읽었는데 그 많은 작가들 중에 딱 한 사람에게 가서 축복 기도를 받았습니다.

조용기 목사님이었습니다. 나는 그분이 쓴 책을 읽은 후에 그 책을 손에 들고 찾아가서 만났습니다. 비서실을 통해 만나고 싶다고 예약했는데 일정이 잡혔고 며칠 후에 아침 일찍 여의도 빌딩의 집무실로 오라고 했습니다.

조용기 목사님이 온화한 얼굴로 내게 물었습니다.

"김열방 전도사님, 무엇을 원하세요?"

나는 그분에게 특별히 원하는 것이 없었기 때문에 잠깐 고민하고 있었는데 그분이 다시 입을 열었습니다.

"김열방 전도사님, 사람이 열심히 뛰어다닌다고 성공하는 것이 아닙니다. 하나님이 은혜를 주셔야 성공합니다. 큰 꿈을 가지세요. 그러면 그 꿈대로 다 됩니다."

나는 그 말을 잊을 수 없습니다. 그분은 조용한 목소리로 10분 정도 내게 몇 가지를 이야기해 주셨습니다.

그리고 내가 들고 간 책에 사인을 해주셨습니다.

내가 기도해 달라고 부탁하자 간절히 축복 기도를 해주셨는데 내게 성령님의 기름 부으심이 흘러내렸습니다.

그 외에도 나는 많은 주의 종들의 축복 기도를 받았습니다. 그분들은 내가 갈 때마다 기쁜 마음으로 축복 기도를 해 주셨습니다. 나는 그분들을 보면서 기도했습니다.

"주님, 주의 종은 설교와 기도를 통해 남을 저주하는 사람이 아니라 모두 잘되기를 위해 축복하는 사람입니다. 저도 많은 사람들을 축복하는 주의 종이 되게 해주세요."

그렇게 기도한 대로 이루어졌습니다. 지금은 내 책을 손에 들고 사인해 달라며 찾아오는 사람들에게 정성껏 사인해 주고 안수하며 축복 기도를 해주고 있습니다.

나는 평생 남을 축복하는 종으로 살 것입니다.

축복하는 주의 종이 되라

당신은 다른 사람을 저주하지 않습니까?

저주하지 말고 축복하는 종이 되기 바랍니다.

나는 어떤 경우에도 나를 대적하는 사람들을 저주하지 않고 축복만 하는 종이 되겠다고 뜻을 정했습니다.

예전에 가끔 육신의 생각이 들어 나를 힘들게 한 사람에 대해 당장 망했으면 좋겠다고 생각한 적이 있었는데 즉시 회개하고 그들을 매일 축복했습니다. 그러자 그들이 하나님께 복을 받으면서 하나씩 회개하고 돌이켰습니다.

그러는 중에 나도 하나님께 많은 복을 받았습니다.

당신을 정말 힘들게 하는 사람이 있습니까? 그 사람을 저주하지 마십시오. 그런 사람이 머리털보다 많습니까?

다윗은 시편 69편 4절에 이렇게 말했습니다.

"까닭 없이 나를 미워하는 자가 나의 머리털보다 많고 부당하게 나의 원수가 되어 나를 끊으려 하는 자가 강하였으니 내가 빼앗지 아니한 것도 물어 주게 되었나이다."

그렇게 원수가 많다 할지라도 당신과 함께 계신 성령님이 보실 때는 그들이 모두 통의 한 방울 물과 같고 저울의 작은 티끌 같고 떠오르는 먼지와 같습니다. "보라, 그에게는 열방이 통의 한 방울 물과 같고, 저울의 작은 티끌 같으

며, 섬들은 떠오르는 먼지 같으니라."(사 40:15)

아무것도 아닙니다. 빈 것처럼 여기십시오.

"그의 앞에는 모든 열방이 아무것도 아니라. 그는 그들을 없는 것 같이, 빈 것 같이 여기시느니라."(사 40:17)

조금만 힘들어도 사람들은 분노하며 말합니다.

"주님, 왜 그 사람이 내 곁에 있나요? 너무 힘들고 괴로워요. 언제 사라지나요? 당장 사라지게 해주세요."

하나님이 그 사람을 통해 당신을 성장시키고 계신지도 모릅니다. 주님께서 당신에게 이렇게 말씀하십니다.

"아들아, 너는 그 사람보다 더 악한 사람이었고 더 큰 죄인이었다. 네가 그 사람보다 조금이라도 더 의로운 줄로 생각하지 마라. 그 사람의 눈에 있는 티끌을 보지 말고 네 눈에 있는 들보를 보아라. 그 사람을 용서하라. 저주하지 말고 축복하라. 원수를 사랑하고 축복하라."

원수를 저주하지 마십시오. 마태복음 10장 36절에 "사람의 원수가 자기 집안 식구리라"고 한 것처럼 원수가 집안 식구일 수도 있습니다. 그래도 저주하면 안 됩니다.

저주하면 그 사람만 망하는 것이 아니라 함께 망합니다. 함께 망하고 싶은 사람은 아무도 없을 것입니다.

나는 그동안 원수를 저주하지 않고 축복만 했습니다.

그러자 오히려 내게 많은 복이 임했습니다.

저주하지 말고 축복하라

저주는 무엇일까요?

저주(詛呪)는 '남에게 재앙이나 불행이 일어나도록 빌며 바라는 것'입니다. 그렇게 했을 때 실제로 재앙이나 불행이 많이 일어납니다. 그런 말에 악한 영들이 붙어 역사하기 때문입니다. 하지만 그리스도인에게는 그런 까닭 없는 저주가 임하지 않는다고 성경은 말씀합니다.

"까닭 없는 저주는 참새가 떠도는 것과 제비가 날아가는 것 같이 이루어지지 아니하느니라."(잠 26:2)

드라마나 영화에 보면 '모방주술'(模倣呪術) 장면이 나오는데, 이는 나무나 종이 등으로 증오하는 사람의 인형을 만들어 저주하는 말을 퍼붓거나 상해를 입히는 것입니다.

그런 행위는 장난으로라도 함부로 하면 안 됩니다.

남을 저주했는데 그 사람이 받을 만하지 못하면 그 저주가 자기에게로 다 돌아오기 때문입니다.

그리고 다른 사람의 행동과 말이 기분 나쁘다고 그를 저주하면 안 됩니다. 그 저주가 자신의 생각과 말을 거쳐서 나가기 때문에 자기에게 먼저 저주가 임합니다.

"그가 저주하기를 좋아하더니 그것이 자기에게 임하고 축복하기를 기뻐하지 아니하더니 복이 그를 멀리 떠났으며 또 저주하기를 옷 입듯 하더니 저주가 물 같이 그의 몸 속으로 들어가며 기름 같이 그의 뼈 속으로 들어갔나이다."(시 109:17~18)

"그가 저주하기를 좋아하더니"라고 했습니다.

저주하기를 좋아하는 사람이 있습니다. 그는 '마귀의 자식'입니다. 마귀는 죽이고 도둑질하고 멸망시키는 일을 하는데 그 일에 참여하는 것입니다. 마귀가 악한 일을 하기 전에 먼저 하는 일이 있는데 주위 사람을 통해 '저주의 말'을 내뱉게 하는 것입니다. 그 말을 내뱉으면 그걸 타고 악한 영들이 사람들 속에 들어가 저주를 일으킵니다.

그래서 갑자기 대형 사고가 나고 불치의 병에 걸리고 자살하게 되는 것입니다. 당신이 만약 화가 나서 실수로라도 저주의 말을 내뱉었다면 즉시 회개하기 바랍니다.

아이가 엄마와 다툰 후에 "엄마가 죽었으면 좋겠어"라고 말했는데 며칠 후에 정말로 쓰러져 죽습니다. 아이는 자기 엄마가 갑자기 죽었다며 장례식에서 슬프게 웁니다.

자기가 그런 저주를 했다는 것을 모르는 것입니다.

우리는 하나님의 자녀이며 빛의 자녀입니다. 그러므로 어떤 경우에도 다른 사람을 저주하지 말고 축복하는 말만 해야 합니다. 로마서 12장 14절에 말씀합니다. "너희를 박해하는 자를 축복하라. 축복하고 저주하지 말라."

하나님께 복을 구하라

축복은 무엇일까요?

축복(祝福)은 '행복을 빌거나 또는 그런 행복'이라는 뜻입니다. 기독교 사전에서는 축복을 '하나님이 복을 내린다. 하나님께 복을 빈다'라고 설명합니다. 축복 기도는 '예배를 마칠 때에 목사가 하나님께 복을 비는 기도'라고 나옵니다. 축복 기도는 교회에서 많이 쓰는 용어입니다.

어떤 사람은 '기복 신앙'이라며 부정적으로 생각합니다. 기복 신앙은 '하나님 없는 사람들이 우상에게 복을 비는 것'입니다. 천지 만물을 창조하신 하나님께 복을 구하는 것은 성경적입니다. 그분은 우리의 아버지이십니다.

하나님의 자녀는 당연히 하나님 아버지께 복을 구하고 받아야 합니다. 하나님은 저주가 아닌 복을 주시는 분입니다. 어떤 부모가 자식이 저주받아 망하길 원하겠습니까?

하나님은 당신에게 기쁜 마음으로 복을 주기 원하십니다. 그러므로 주저하지 말고 마음껏 복을 구하십시오.

복을 구했다가 책망을 받으면 어떻게 할까 두려워서 복을 구하지 못하는 사람이 있는데, 하나님은 당신을 책망하지 않으십니다. 사람이 이 땅에서 사는 동안 하나님께 받을 수 있는 복중에 큰 복이 있습니다. 무엇일까요?

'지혜'입니다. 그런 복인 지혜가 부족하다며 구하고 또 구해도 하나님은 꾸짖지 않고 후히 주신다고 했습니다.

"너희 중에 누구든지 지혜가 부족하거든 모든 사람에게 후히 주시고 꾸짖지 아니하시는 하나님께 구하라. 그리하면 주시리라."(약 1:5) 더 많은 지혜를 구하십시오.

지혜가 임하면 다른 복은 저절로 따라옵니다.

마음과 영으로 축복 기도하라

당신은 언제 성령님을 만났습니까?

나는 20세에 길을 걷다가 성령님의 임재를 강하게 체험했습니다. 그때 교회에 달려가 무릎 꿇고 회개하는 중에 내 입에서 아름다운 방언이 흘러나왔습니다. 나는 너무 신기하고 좋아서 몇 시간 동안 계속 방언 기도를 했습니다.

내가 그렇게 사모했던 방언을 받은 것이었습니다.

방언은 '영으로 나 자신과 남을 축복 기도하는 것'입니다. 바울은 방언 기도를 두고 "네가 영으로 축복할 때에"(고전 14:16)라고 표현했습니다. 누구를 축복합니까?

나와 내가 기도하는 모든 사람들입니다.

방언으로 기도하면 첫째는 나의 덕을 세우는 것이므로

나를 위해 축복 기도하는 것이 됩니다. 그리고 다른 사람의 이름을 부른 후에 방언으로 기도하면 그를 위해 축복 기도하는 것이 됩니다. 그렇게 나는 한국말과 방언을 섞어가며 열방의 왕들과 백성들의 구원을 위해 기도합니다.

나는 매일 몇 시간씩 방언으로 기도하며 나 자신과 다른 사람을 위해 축복 기도를 했습니다. 그러자 날마다 내게 복이 임했고 다른 사람들에게도 큰 복이 임했습니다.

내가 예수 이름으로 손 얹고 기도하는 사람마다 성령이 임했고 그들도 나처럼 방언을 말하기 시작했습니다.

나만 아니라 다른 사람에게도 큰 복이 임한다는 것, 이 얼마나 좋은 일입니까? 우리는 모두 복의 통로입니다.

갈라디아서 3장 14절에 이렇게 말씀합니다.

"이는 그리스도 예수 안에서 아브라함의 복이 이방인에게 미치게 하고 또 우리로 하여금 믿음으로 말미암아 성령의 약속을 받게 하려 함이라."

성령과 지혜가 충만한 사람이 되라

그리고 난 후에 내가 구한 것이 있는데 바로 지혜였습니다. "하나님, 어린 솔로몬에게 지혜를 주신 것처럼 저에게도 지혜를 주세요." 그러자 즉시 응답이 왔습니다.

'아들아, 내가 네게 지혜를 주었다. 그러니 너는 받은 줄로 믿어라. 조금도 의심하지 마라.'

그렇게 세미한 음성을 들었지만 내가 그 날 지혜를 받았다는 특별한 느낌은 없었습니다. 며칠이 지나도 내게는 변화가 없는 것 같았습니다. 나는 주님께 물었습니다.

'지혜를 주셨다고 하는데 왜 저에게 변화가 없나요? 머리가 시원해진다든지, 공부를 엄청 잘하게 된다든지, 책을 한 번 보면 사진 찍듯이 다 암기된다든지, 뭔가 있어야 하지 않나요? 저에게 아무 느낌이 없어요.'

그때 주님께서 내게 하신 말씀이 있습니다. '아들아, 내가 너를 기뻐한다. 내가 너를 많이 사랑한다.'

그 음성은 계속 들렸습니다. 도서관에서 공부하는 중에도, 길을 걷는 중에도, 버스 안에서도 들렸습니다.

'아들아, 내가 너를 사랑한다.'

그 음성은 많이 들어서 별로 감동받지 못했습니다.

예수님이 요단강에서 세례 받고 올라오실 때 성령이 비둘기처럼 내리며 아버지께서 주셨던 말씀이기도 했습니다. 나는 말했습니다. '주님, 그런 음성 말고요. 아이큐가 300이 되었다든지, 뭐 그런 말씀을 주시면 안 되나요?'

그때 주님은 '내가 너를 사랑하고 기뻐한다는데 뭐가

더 필요하니?'라고 하셨습니다. 그러면서 로마서 8장 32절을 떠올려 주셨습니다. "자기 아들을 아끼지 아니하시고 우리 모든 사람을 위하여 내주신 이가 어찌 그 아들과 함께 모든 것을 우리에게 주시지 아니하겠느냐."(롬 8:32)

나는 주님께 물었습니다. '저에게 지혜를 주셨다고 했는데 어떻게 하면 그 지혜가 나타날 수 있나요?'

그러자 주님께서는 내 생각과 말을 바꾸라고 하셨습니다. '너는 내가 준 지혜를 받았다. 그렇다면 너는 지혜를 받은 사람처럼 생각하고 말해야 한다. 그 방법은 너 자신을 축복하는 것이다. 너 자신을 향해 저주의 말을 하지 마라. 너 자신에 대해 바보, 어리석은 사람이라고 말하지 말고 그와 반대되는 말 곧 천재, 지혜로운 사람이라고 말해라. 그러면 네게 준 지혜가 나타나게 될 것이다. 다른 기도 응답도 모두 그런 식으로 받는다.'

나는 그런 말을 한 번도 들어보지도 못했고 나 자신에게 한 적도 없었는데 주님께서는 지금부터 그런 말을 하라고 하셨습니다. 그래서 나는 생각과 말을 바꾸었습니다.

"나는 바보, 어리석은 사람이 아니다. 나는 하나님께 지혜를 구하고 받았다. 나는 그리스도 안에서 천재이고 지혜로운 사람이다. 하나님의 지혜가 내 안에 가득하다. 나는 지혜를 받은 천재이기 때문에 무엇이든지 할 수 있다. 세상에 어려운 것은 하나도 없다. 다 쉽고 재미있다."

놀랍게도 그날로부터 폭발적인 지혜가 나타나기 시작했습니다. 나는 내가 원하는 공부를 다 하게 되었고 기억력과 집중력, 이해력과 창의력, 몰입력 등 100가지 이상의 종합적인 능력이 날마다 증가했고 내 안에 가득한 성령님의 기름 부으심도 수천수만 배로 나타났습니다.

시험 치는 것마다 합격했고 하루에 책을 수십 권 읽게 되었습니다. 한 번 본 것은 잘 잊어 먹지 않았습니다. 성경구절도 3,000구절을 암송하게 되었고 성경을 한 번 통독한 것은 전체 내용이 머리에 선명하게 떠올랐습니다.

29세에는 〈성령님과 친밀하게 교제하는 법〉을 한 달 만에 써내게 되었고 또 〈김열방의 두뇌개발비법〉이란 책도 2주 만에 써내게 되었습니다. 그 후로 100권이 넘는 책을 출간했고 전국과 세계를 다니며 강연하게 되었습니다.

내가 성령과 지혜가 충만한 사람이 된 것입니다.

당신도 성령과 지혜가 충만한 사람이 되기 바랍니다.

"형제들아 너희 가운데서 '성령과 지혜가 충만하여' 칭찬 받는 사람 일곱을 택하라."(행 6:3)

예수 이름으로 자신을 축복하라

내 인생에 날마다 신기한 일이 벌어졌습니다.

나는 하루에 몇 시간씩 방언으로 기도한 후에 내 머리에 손을 얹고 예수 이름으로 명령했습니다.

"나사렛 예수 그리스도의 이름으로 명하노니 내 머릿속에 있는 150억 개 이상의 뇌세포는 최대한의 기능을 발휘하며 가동될지어다. 기억력과 집중력, 이해력과 창의력, 몰입력 등이 수천수만 배로 증가할지어다."

나는 느낌이 있든지 없든지 상관하지 않고 오늘도 내일도 끝도 없이 명령했습니다. 그러자 어느 날부터 내 머릿속의 두뇌가 굉음을 내며 가동되는 것이 느껴졌습니다. 나중에는 너무 강하게 가동되어 미칠 정도가 되었습니다.

그래서 지금은 1년에 몇 번 정도만 명령을 내립니다.

당신도 예수 이름으로 명령을 내리기 바랍니다.

당신이 만약 자신을 향해 "나는 바보야, 어리석고 미련해"라고 말한다면 그것은 당신의 뇌세포를 저주하는 것입니다. 저주하는 말을 하지 말고 축복하는 말을 하십시오.

"나는 천재야, 지혜롭고 총명해. 하나님이 주신 지혜가 내 안에 가득해"라고 말하십시오. 그것이 당신의 뇌세포를 축복하는 것입니다. 그렇게 말하면 120세까지 당신의 머리가 나빠지지 않고 날이 갈수록 더 좋아질 것입니다.

내가 지혜를 받고 난 후부터는 나를 만나는 사람들이

내게 안수 기도를 부탁했습니다. 무엇을 위해서일까요?

"저도 김열방 목사님처럼 하나님께 지혜를 얻고 싶어요. 저에게 지혜를 달라고 안수 기도해 주세요."

나는 나이와 상관없이 그분들에게 안수했습니다.

"전능하신 하나님, 이 사람에게 지혜를 주세요."

그렇게 내가 안수 기도하는 사람마다 하나님의 지혜가 임했습니다. 하나님은 나를 불러 지혜를 주신 것은 내가 그 분야에 있어 복의 통로가 되게 하기 위함이었습니다.

창세기 12장에 아브라함을 부르신 것과 같았습니다.

"내가 너로 큰 민족을 이루고 네게 복을 주어 네 이름을 창대하게 하리니 너는 복이 될지라. 너를 축복하는 자에게는 내가 복을 내리고 너를 저주하는 자에게는 내가 저주하리니 땅의 모든 족속이 너로 말미암아 복을 얻을 것이라."

내가 성령을 받고 방언을 받게 되자 내가 안수하는 사람들은 다들 즉시 성령을 받고 방언을 받게 되었습니다.

내가 책을 쓰고 강연을 하게 되자 내가 안수하는 사람들은 다들 즉시 책을 쓰고 강연을 하게 되었습니다.

하나님이 당신에게 기름을 부으시고 문을 여시는 것은 당신만을 위한 것이 아니라 안수를 통해 더 많은 사람들이 복을 받게 하기 위함입니다. 안수에 대해 자세히 알고 싶으면 〈안수 기도〉라는 책을 주문해서 읽기 바랍니다.

은사를 열심히 구하고 열망하라

당신은 신령한 것을 열심히 구하고 열망합니까?

나는 신령한 것을 귀하게 여기며 열심히 구하고 열망했습니다. 바울은 말했습니다. "신령한 은사를 열심히 구하라. 특히 예언하기를 열망하라."(고전 14:1)

나는 지금까지 내가 받은 것들에 대해 정말 사모하고 간절히 구하고 뜨겁게 열망했습니다. 어떤 것은 10년 이상 걸린 것이 있습니다. 하나님이 어떤 것은 그런 인내의 시간을 거친 후에야 내게 허락해 주셨습니다.

'그런 건 있어도 그만, 없어도 그만이야.'

그렇게 생각하는 사람은 하나님께 기도 응답과 큰 복과 은사를 받을 수 없습니다. 받아도 금방 잃고 맙니다.

나는 하나님께 받은 것들에 대해 정말 보물처럼 소중히 여깁니다. 성령님과의 인격적인 교제법, 방언과 믿음, 지혜의 말씀, 병 고침과 능력 행함의 은사, 책을 쓰고 출간하는 것 등은 하나님이 내게 주신 귀한 복입니다.

당신도 하나님께 받은 것들을 소중하게 여기고 잘 간직하기 바랍니다. 아무리 좋은 것을 주어도 귀한 줄 모르면 하루 만에 다 잃고 밑바닥의 비참한 삶을 살게 됩니다.

내가 받은 것 중에 또 귀하게 여기는 것이 있습니다. 무엇일까요? 깨달음을 얻는 것입니다. 하나님은 내게 지혜와 계시의 영을 주어 날마다 말씀을 깨닫게 하십니다.

나는 이것을 귀하게 여기기 때문에 이렇게 책으로 써냅니다. 깨달음의 가치에 대해 나는 이렇게 말합니다.

"한 가지 깨달음을 얻으면 천년을 더 산 것 같다."

사람은 존귀하나 깨닫지 못하면 멸망하는 짐승과 같습니다. 깨달음을 얻으면 10년, 100년 동안 해야 할 일을 하루 만에 할 수도 있습니다. 지금은 인공 지능이 급성장하고 있으므로 어느 때보다 지혜가 필요한 시대입니다. 당신도 하나님께 지혜를 구하십시오. 그리고 한 번 기도하고 구한 것은 받았다고 믿고 조금도 의심하지 마십시오.

그러면 그대로 될 것입니다.

기름 부으심이 나타나는 비결

당신은 성령님의 기름 부으심이 나타나는 비결을 아십니까? 이것도 위에서 말한 것과 방법이 동일합니다.

성령님의 기름 부으심을 구했으면 받았다고 믿고 생각과 말을 바꾸어야 합니다. '나는 성령님의 기름 부으심이 부족해'라고 생각하지 말고 '나는 성령님의 기름 부으심을 구했고 받았어. 그러므로 성령님의 기름 부으심이 내 머리 끝에서 발끝까지 넘치고 있어'라고 생각해야 합니다.

나를 따라 이렇게 말해 보십시오.

"나는 성령님의 기름 부으심을 구했다. 예수님은 무엇이든지 기도하고 구하는 것은 받은 줄로 믿으라고 하셨다. 그러므로 나는 받았다. 넘치는 성령님의 기름 부으심이 내 안에 있고 내 손에 흐르고 있다. 내가 말씀을 전하고 안수할 때 그 기름 부으심이 수천수만 배로 강하게 나타난다."

하루는 주님께서 내게 말씀하셨습니다.

'아들아, 다른 사람에게 안수할 때 어떤 것이든 받으라고 말해라. 지혜를 받으라, 치유를 받으라, 성령을 받으라, 재정을 받으라, 기름 부으심을 받으라고 말해라. 그러면 그대로 된다. 사람들이 그것을 받기 시작할 것이다.'

놀랍지 않습니까? "주세요, 주세요"라고 기도하는 것과는 많이 다릅니다. 구하고 찾고 두드리라고 하셨습니다.

구하는 것은 없기 때문에 아버지께 구하는 것입니다.

찾는 것은 기도하고 구한 것을 이미 받은 줄로 믿기 때문에 환경에서 찾는 것입니다. 두드리는 것은 문을 열고 안으로 들어가는 것입니다. 많은 사람들이 문 밖에서 하나님께 구하는 것만 합니다. 찾고 두드리는 것을 어떻게 하는지 몰라 10년, 20년 동안 응답을 받지 못하고 그 자리에 머물고 있습니다. 참으로 안타까운 일입니다.

당신이 어떤 것을 구했으면 받았다고 믿고 그것이 어디 있는지 찾아야 합니다. 당신 안에 있습니까? 당신 밖에 있습니까? 아니면 다른 사람에게 있습니까? 찾으십시오. 찾으면 찾아낼 것입니다. 예수님은 한 가지만 아닌 구하고 찾고 두드리라고 말씀하셨습니다. "구하라, 그러면 너희에게 주실 것이요 찾으라, 그러면 찾아낼 것이요 문을 두드리라, 그러면 너희에게 열릴 것이니 구하는 이마다 받을 것이요. 찾는 이는 찾아낼 것이요 두드리는 이에게는 열릴 것이니라. 너희 중에 아버지 된 자로서 누가 아들이 생선을 달라 하는데 생선 대신에 뱀을 주며 알을 달라 하는데 전갈을 주겠느냐? 너희가 악할지라도 좋은 것을 자식에게 줄 줄 알거든 하물며 너희 하늘 아버지께서 구하는 자에게 성령을 주시지 않겠느냐."(눅 11:9~13)

성령님을 구하고 찾고 두드리라

예수님은 성령을 비롯한 모든 좋은 것을 구하고 찾고 두드리라고 했습니다. 나는 지금도 매일 성령을 구하고 찾고 두드립니다. 왜일까요? 성령님은 내 안에 생수의 강으로 가득히 들어와 계시지만 그분이 물건이 아닌 인격체이기 때문입니다. 지성과 감정과 의지를 가진 인격체는 물건을 대하는 것처럼 가만 두고 지켜보는 것이 아닙니다.

매일 성령님을 인격적으로 구하고 찾고 두드리며 친밀한 관계를 맺어야 합니다. 아침에 일어나면 "성령님, 안녕하세요?"라고 말을 걸며 인사부터 해야 합니다.

그리고 하루 종일 그분을 모시고 살아야 합니다.

다윗은 주의 성령에 대해 이렇게 말했습니다.

"내가 여호와를 항상 내 앞에 모심이여, 그가 나의 오른쪽에 계시므로 내가 흔들리지 아니하리로다."(시 16:8)

나도 항상 성령님을 존중히 모시고 다닙니다.

그 외에 내가 하나님께 한 번 기도하고 구하는 것은 받은 줄로 믿고 찾고 두드립니다. 그렇게 해서 아내를 만나 결혼했고 네 명의 자녀를 낳았으며 서울로 와서 교회를 개척했고 신학교를 졸업했고 넓은 집과 좋은 차를 샀습니다.

당신도 하나님께 무엇이든 구했으면 받았다고 믿고 찾고 두드려야 합니다. 그러면 찾게 되고 열리게 됩니다.

하루는 기도하는 내게 주님께서 말씀하셨습니다.

'사람들이 구하는 데는 부지런한데 찾고 두드리는 데는 게으르다. 너는 찾고 두드리는 일에 게으르지 마라.'

예수님이 말씀하셨습니다. "그러므로 내가 너희에게 말

하노니 무엇이든지 기도하고 구하는 것은 받은 줄로 믿으라. 그리하면 너희에게 그대로 되리라."(막 11:24)

당신도 무엇이든지 기도하고 구했으면 받았다고 믿고 찾고 두드려야 합니다. 그래야 그것을 얻게 됩니다.

나는 23세에 군대에 가서 26세에 전역한 후에 아내가 될 사람을 구하고 찾았습니다. 신학교에 있는 두 명의 자매에게 말을 걸며 "커피 한 잔 해요"라며 두드렸습니다.

하지만 그들은 모두 거절했습니다. 내가 그들이 생각하는 멋진 남자가 아니었나 봅니다. 나는 하나님이 내게 주시고자 하는 배필을 찾지 못하고 힘들어 했습니다.

지친 나는 주님께 여쭈었습니다.

'주님, 제 아내가 될 사람은 어디에 있습니까?'

주님께서 말씀하셨습니다.

'네가 가진 육신의 기준을 다 내려놓아라. 그러면 좋은 자매를 만나게 해주겠다.'

그리고 며칠 후에 주님께서 내 눈을 열어 지금의 아내를 만나게 해주셨습니다. 아내 김사라는 잠언 31장에 나오는 '여호와를 경외하는 현숙한 여인'입니다.

당신에게도 좋은 배우자의 복이 있기를 바랍니다.

성령님과 함께 구하고 찾고 두드리십시오.

그러면 얻게 될 것입니다.

자녀를 위해 축복 기도를 하라

당신은 아브라함의 믿음을 아십니까?

나는 날마다 아브라함의 믿음으로 살고 있습니다.

하루는 나의 아버지가 "하늘의 빛나는 별을 세 개 보는 꿈을 꾸었다"고 하셨습니다. 아버지는 아들인 나를 위해 기도할 때마다 "아브라함과 같은 믿음을 달라"고 기도하셨다고 했습니다. 그런데 수십 년의 세월이 지나고 보니 하나님이 정말 내게 그런 귀한 믿음을 주셨습니다.

나는 실제로 아브라함의 믿음을 가졌습니다.

나는 아브라함의 믿음을 가졌다

아브라함의 믿음은 어떤 것일까요?

죽은 자를 살리시며 없는 것을 있는 것처럼 불러내시고 바랄 수 없는 중에 바라게 하시고 안 되는 것을 되게 하시는 하나님께 대한 조금도 의심하지 않는 믿음입니다.

나는 그런 믿음으로 지금까지 살아왔습니다.

"죽은 자를 살리시며 없는 것을 있는 것처럼 불러내시고 바랄 수 없는 중에 바라게 하시고 안 되는 것을 되게 하시는 하나님, 저에게 기적을 베풀어 주소서."

나는 어제나 오늘이나 변함없이 이 기도를 합니다.

어제도 이 기도를 했고 오늘도 이 기도를 했습니다.

하나님은 실제로 내게 그런 기적을 베풀어 주셨습니다.

내 인생에는 어떤 일이 있었을까요? 나는 죽음의 일들을 여러 번 겪었는데 그때마다 다시 살아났습니다. 없는 것들이 창조의 능력으로 인해 내 눈 앞에 생겨났습니다. 도무지 바랄 수 없는 중에 바랐던 것이 이루어졌습니다.

다른 사람이 보기에 말도 안 되는 것들이 내게는 문이 열려 쉽게 되었습니다. 내 인생은 기적의 연속입니다. 당신에게도 성령님이 '응답과 성장의 문'을 여실 것입니다.

하나님은 지금도 살아 계십니다. 당신도 아브라함의 믿

음을 가지기 바랍니다. 아브라함의 하나님은 당신의 하나님이십니다. 그분은 지금도 살아 계십니다.

"기록된 바 내가 너를 많은 민족의 조상으로 세웠다 하심과 같으니 그가 믿은 바 하나님은 죽은 자를 살리시며 없는 것을 있는 것으로 부르시는 이시니라."(롬 4:17)

아브라함의 믿음은 받았다는 믿음이다

아브라함의 믿음은 구체적으로 무엇일까요?

'받았다는 믿음'입니다. 하나님이 "내가 너를 많은 민족의 조상으로 세웠다"고 하셨습니다. "세울 것이다"가 아닙니다. "세웠다"고 했습니다. 시간과 공간을 초월해서 성령 안에서 이미 세워졌다는 것입니다. 이것이 믿음입니다.

예수님은 제자들에게 "무엇이든지 기도하고 구하는 것은 받은 줄로 믿으라. 그리하면 너희에게 그대로 되리라"(막 11:24)고 하셨습니다. "받을 줄로 믿으라"가 아닙니다. "받은 줄로 믿으라"입니다. 받을 줄로 믿는 것은 믿음이 아닌 소망이며 그런 소망에는 하나님의 기적이 일어나지 않습니다. 받은 줄로 믿는 것이 믿음이며 그런 믿음에 하나님의 기적이 일어납니다. 당신은 받을 줄로 믿습니까? 아니면 받은 줄로 믿습니까? 받은 줄로 믿으십시오.

많은 사람들이 자신이 가진 소망을 믿음인 줄로 착각하고 있습니다. '미래형의 소망'이 아닌 '현재 완료형의 믿음'을 가져야 합니다. 그러면 진짜 응답이 옵니다.

나는 그렇게 해서 응답을 다 받았습니다.

그 믿음으로 수천 명의 사람들에게 안수해서 그들이 성령을 받았고 방언을 받았고 지혜를 받았습니다. 나도 그동안 그 믿음으로 모든 기도 응답을 받았습니다. 내가 기도하고 구한 것을 받았다고 믿고 행복한 마음으로 자고 깨고 하는 중에 그 모든 것이 실상으로 내 앞에 나타났습니다.

당신도 한 번 기도하고 구하는 것은 '기도하고 구하는 중에' 받았다고 믿으십시오. 그러면 그대로 됩니다.

받았다고 믿는 사람은 인상 쓰지 않습니다. 그 사람은 생글생글 웃으며 행복하게 생활합니다. 당신이 인상을 쓰는 것은 받을 줄로 믿기 때문입니다. 받았다고 믿으면 환하게 웃으며 행복한 마음으로 기다리게 됩니다.

전능하신 하나님은 75세의 아들이 없는 노인에게 언약 곧 말로 약속하셨습니다. "내가 너를 많은 민족의 조상으로 세웠다." 아브라함은 그 언약의 말을 믿었습니다.

그가 믿은 하나님은 죽은 자를 살리시는 하나님이었습니다. 그래서 독자 이삭을 제물로 드릴 수 있었습니다.

75세에 고향을 떠난 그는 10년이 지난 85세에 믿음이 흔들려 주의 말씀을 의심했는데 그로 인해 99세까지 하나님의 음성을 듣지 못했습니다. 하나님은 '믿음의 하나님'이시므로 의심은 하나님의 마음을 많이 상하게 합니다.

당신은 하나님의 마음을 상하게 한 적이 없습니까?

회개하십시오. 그리고 다시 믿으십시오.

죽은 자를 살리시는 하나님

당신은 죽음을 경험한 적이 있습니까?

나는 그동안 여러 번 죽음을 경험했는데 그때마다 죽은 자를 살리시는 하나님을 믿으므로 다시 사는 경험을 했습니다. 내 인생에는 어떤 죽음의 경험이 있었을까요?

첫 번째 경험은, 시골의 한 교회에서 사역하다가 사표를 낼 때였습니다. 하루는 담임 목사님이 예배가 끝난 후에 부 교역자들을 모아 놓고 이렇게 물었습니다.

"오늘 내 설교가 어땠나요?"

그분은 그날 도대체 무엇을 듣고 싶었던 걸까요?

나는 알 수 없었고 그냥 내가 느낀 대로 말했습니다.

"목사님은 설교 철학이 없는 것 같습니다."

나는 그분의 설교를 들으면서 '예수 그리스도와 그가 십자가에 못 박히신 복음이 설교에 없다'는 것을 종종 느꼈기에 그것을 두고 말한 것이었습니다. 그런데 지금 생각해 보니 내가 그때 단어를 잘못 선택한 것 같습니다.

나는 수년 동안 대학 도서관에 있는 많은 책을 읽어서 '설교 철학'이란 단어를 알고 그렇게 말했는데 그것이 그분에게는 큰 충격으로 다가왔던 것 같습니다. 그분은 일반 대학교의 철학과를 졸업하고 박사 학위를 받은 분이었기 때문입니다. 그분이 내게 찾아와 말했습니다.

"내게 사과하든지 아니면 당장 사표 내세요. 내게는 설교 철학이 없는 것이 나의 설교 철학이에요."

그 말을 들은 나는 즉시 사표를 적어 냈습니다.

"저는 오늘 부로 사임하겠습니다."

그러자 그분이 당황하며 말했습니다.

"아니, 그렇다고 이렇게 사표를 내면 당장 어떻게 먹고 살려고 그래요? 한 번 더 생각해 보세요."

나는 그 목사님에게 미소를 지으며 대답했습니다.

"목사님은 일류 대학 철학과를 졸업하신 분인데 설교 철학이 왜 없겠습니까? 죄송하지만 저는 오늘 부로 사임하고 교회를 개척하겠습니다."

그렇게 마지막 인사를 하고 그곳을 떠나왔습니다.

그때 나는 처음으로 죽음을 경험했습니다.

그 후에 나는 서울에서 교회를 개척하게 되었습니다.

하루는 성령님께서 내게 세미한 음성으로 말씀하셨습니다. '너는 지금 당장 서울로 가서 교회를 개척하라.'

나는 서울 잠실에서 상가 건물을 얻어 교회를 개척했는데 성령님의 기름 부으심이 날이 갈수록 더 강하게 나타났습니다. 나는 교회가 아주 크게 성장할 것을 믿었습니다.

사람들이 점점 많이 모여들어 교회가 안정되고 있었습니다. 내가 쓴 책도 많이 팔렸고 내 책을 읽은 독자들이 전국과 세계에서 나를 부흥회와 세미나 강사로 초청했습니다. 그런데 하루는 또 주님의 음성이 들렸습니다.

'아들아, 교회를 멈추어라.'

울산에서 청소년 집회를 인도하고 돌아오는 비행기 안에서였습니다. 학생들에게 말씀을 전하고 안수할 때 엄청난 성령의 역사가 있었기에 기쁜 마음으로 서울로 돌아오고 있었는데 그때 주님께서 이렇게 말씀하셨습니다.

'아들아, 너는 교회를 멈추고 쉬어라.'

나는 깜짝 놀랐습니다. 그때는 토요일 밤이었습니다.

나는 두말하지 않고 이렇게 대답했습니다.

'네, 주님. 알겠습니다.'

그리고 집에 도착하자마자 아내에게 말했습니다.

"주님께서 오늘 비행기 안에서 이렇게 말씀하셨어요."

아내는 편안하게 받아들였습니다. 나는 다음날 주일예배가 끝날 즈음에 모인 성도들에게 광고했습니다.

"어젯밤에 비행기 안에서 주님께서 내게 이렇게 말씀하셨습니다. 교회를 멈추라고요. 그러니 다음 주일부터는 모두 가까운 교회에 가서 예배하기 바랍니다."

하루 만에 교회가 죽은 것입니다. 한 사람이 이 소식을 듣고 마음 아파하며 전화로 내게 이유를 물었습니다. 그때 나는 신학대학원을 다니고 있는 전도사였습니다.

"김열방 전도사님, 어떻게 교회를 하루 만에 문을 닫을 수 있나요? 교회는 목회자에게 있어 생명과 같은데요. 앞으로 어떻게 먹고 살아가실 작정인가요?"

그 말을 듣고 나는 웃으며 대답했습니다.

"그런가요? 저는 그렇게 생각해 본 적이 없습니다. 저의 생명은 교회가 아니라 예수님이십니다. 예수님이 말씀하시면 저는 순종합니다. 모든 것의 주인은 예수님이고 저는 그분의 종입니다. 이것이 저의 믿음입니다."

그리고 한 의사 집사님의 병원 자택에서 머물게 되었습니다. 그분이 내 책을 읽고 갑자기 연락이 왔습니다.

"김열방 전도사님, 쓰신 책을 읽고 많은 감동을 받았습니다. 저희 병원 3층, 원장 사택이 통으로 비어 있는데 혹시 온 가족이 여기에 들어와서 사실 수 있나요?"

나는 주님께 물어보겠다고 하고 전화를 끊었습니다.

며칠 묵는 것도 아니고 계속 살라는 것인데, 그런 중대한 문제는 주님의 음성을 따라 움직여야 나중에 문제가 생기지 않기 때문입니다. 나는 신학교에 수업하러 가는 길에 잠깐 서서 입술로 중얼거리며 주님께 물었습니다.

"주님, 어떻게 할까요?"

그러자 주님께서 내게 세 가지 이유를 말씀하시며 거기에 들어가 살라고 지시하셨습니다. 그곳에서 1년 반 곧 18개월 정도 있었습니다. 지금 생각해보면 정말 대단한 일이었습니다. '어떻게 그분이 나에게 거기에 들어와 살라고 했을까?' 그분은 나를 한 번도 만나 보지 않았는데 그런 나에게 자기 집에 들어와 살라, 그것도 하루만 살라고 한 것이 아니라 기약 없이 살라고 했으니 하나님이 행하신 일이었습니다. 엘리야가 그릿 시냇가에 있을 때처럼 하나님은 우리 가족의 필요한 모든 것을 공급하셨습니다.

18개월이 지났을 때 또 주님의 음성이 들렸습니다.

'너는 다시 잠실로 가서 교회를 시작하라.'

그 음성을 듣고 한동안 망설였습니다. 나는 힘든 마음으로 주님께 기도했습니다. "주님, 저에게는 아무것도 없습니다. 돈도 없고 건물도 없고 성도도 없습니다. 그 중에 하나라도 있어야 교회를 시작할 것이 아닙니까?"

그러면서 하루 이틀 미뤘는데, 주님은 당장 순종하라고 하셨습니다. "돈을 주시면 순종하겠습니다"라는 내 기도에 주님은 "먼저 순종하면 돈을 주겠다"고 하셨습니다.

그래서 나는 일단 순종하기로 뜻을 정했습니다. 그러자 예전에 내 책을 읽은 한 집사님에게서 전화가 왔습니다.

그분은 내게 책 쓰기에 대한 코칭을 받고 책을 두 권이나 써냈습니다. 그분이 아무 이유도 묻지 않고 선뜻 내게 500만 원을 입금해 주겠다고 했습니다. 나는 그때 너무 감격해서 울먹이며 감사의 말을 전하려고 했습니다.

그러자 주님께서 그러지 말라고 하셨습니다.

'너는 나의 종이다. 그 돈은 내가 준 것이니, 그렇게 사람 앞에서 눈물을 흘리며 감사하지 마라. 500만 원이든 500억 원이든 내게는 통의 한 방울 물과 같다. 아무것도 아니다. 너는 내 앞에서만 감사하며 눈물을 흘려야 한다.'

나는 회개했습니다. 그 후로는 어떤 큰돈이 들어와도 눈물을 흘리지 않고 주님께만 감사하기로 했습니다.

그 집사님은 나중에 하나님께 500만 원의 수천 배나 되는 복을 받았는데, 그것조차 통의 한 방울 물과 같다고 하셨습니다. 하나님은 하루에도 50억, 500억을 주십니다.

성령님은 크신 분입니다. "보라. 그에게는 열방이 통의 한 방울 물과 같고 저울의 작은 티끌 같으며 섬들은 떠오르는 먼지 같으리니 레바논은 땔감에도 부족하겠고 그 짐승들은 번제에도 부족할 것이라. 그의 앞에는 모든 열방이 아무것도 아니라 그는 그들을 없는 것 같이, 빈 것 같이 여기시느니라. 그런즉 너희가 하나님을 누구와 같다 하겠으며 무슨 형상을 그에게 비기겠느냐?"(사 40:15~18)

크신 성령님과 함께 크게 생각하기 바랍니다.

나는 신학교를 은혜로 졸업했다

그리고 또 내가 겪은 죽음의 경험은, 신학대학원에 다닐 때였습니다. 다른 사람들은 열심히 공부해도 3수, 4수를 하는데 나는 성령님의 도우심으로 2주밖에 공부를 안 했는데 대학원 입학시험에 쉽게 합격했습니다.

그때 나는 시험 공부할 때 내가 가진 자료에서 시험에 안 나올 것 같은 내용은 다 찢어 쓰레기통에 버리고 시험에 나올 만한 것만 뽑아서 달달 외웠는데 합격했습니다.

하지만 나는 그것이 귀한 줄로 모르고 합격과 동시에 등록금만 내고 즉시 휴학했습니다. 그리고 한 달 동안 밤새워 가며 책을 한 권 썼습니다. 그것이 바로 〈성령님과 친밀하게 교제하는 법〉입니다. 그 책이 베스트셀러가 되었고 많은 목회자와 성도들에게 읽혀졌습니다.

그때 출판사 사장님이 내게 말했습니다.

"우리 출판사는 원서를 번역한 책만 5,000권을 낸 한국에서 다섯 손가락 안에 드는 출판사입니다. 그래서 전국에서 많은 작가들이 책을 썼다며 원고를 들고 옵니다. 하지만 작가가 아무리 유명하고 큰 교회를 섬기고 있어도 막상 책으로 내면 안 팔리고 창고에 쌓여 있기 때문에 거절합니다. 이번에 김열방 전도사님 책을 보니 젊은 청년에게 성령님이 강하게 역사하신 것 같아 우리 출판사에서 출간하기로 결정했습니다. 원고를 보니 꼭 외국 서적을 번역한 것 같군요. 외국에서 공부를 많이 하고 왔나 봐요?"

나는 외국 작가들의 책을 많이 읽어서 그렇다고 했습니다. 나는 그때 벌써 수천 권의 책을 읽었는데 대부분 외국 작가들의 책이었습니다. 그렇게 책이 출간되고 사역이 확장되면서 나는 학교생활을 게을리 했습니다. 꼭 필요한 수업 일수만 채우고 계속 집회를 다녔던 것입니다.

다들 기숙사에서 공부하는데 나는 그때 교회를 개척해서 목회하고 있었기 때문에 매일 새벽 기도회를 인도해야 해서 기숙사 생활을 하지 않았습니다. 새벽 5시에 기도회를 인도하고 한 시간 정도 기도한 후에 차를 몰고 대학원

캠퍼스에 가서 수업을 듣고 집으로 돌아오곤 했습니다.

연이어 진행되는 부흥회와 목회와 저술 사역으로 인해 1년 다니고 1년 쉬고를 반복하면서 3년 만에 졸업해야 하는 학교를 6년 만에 졸업하게 되었습니다. 한 번은 학교 등록금을 제때 내지 못하고 마감 기일을 며칠 넘겼는데 그때 김의원 총장님이 학생들에게 이렇게 말했습니다.

"이번에는 마감 기일까지 등록금을 안 내는 사람은 모두 재적시킵니다. 꼭 마감 기일을 지키세요."

그때 마침 내게 등록금이 없어서 차일피일 미루다가 결국 마감 기일을 하루 넘기고 말았습니다. 그러자 학교 게시판에 재적된 사람의 명단이 크게 적혀 붙었습니다.

내가 등록금을 못 내 학교에서 잘린 것입니다.

그 이전에 내가 쓴 책을 가지고 김의원 총장님께 추천서를 받았었는데, 며칠 후에는 잘렸던 것입니다. 그때 그분이 내 책에 추천서를 길게 써 주며 이렇게 말했습니다.

"이렇게 귀한 분이 우리 학교에 있다니 정말 감사한 일이네요. 나중에 우리 학교에서 강의도 하면 좋겠어요."

사실 그분이 나를 자른 것이 아닙니다. 학교 운영 이사회에서 그런 결정을 내려 그분을 통해 진행한 것이죠.

어쨌든 나는 잘렸고 며칠 후에 등록금을 마련해서 가니 안 된다며 재 입학금 50만 원을 더 내야 가능하다고 했습니다. 그렇게 재등록해서 6년 만에 겨우 졸업했습니다.

내가 졸업할 때 부모님은 감사의 눈물을 흘리셨습니다.

나는 그때 졸업하면서 이런 생각이 들었습니다.

'입학은 쉽게 했는데, 졸업은 참 어렵게 했다.'

그렇게 나는 신학대학원에서 한 번 죽었다 살아나는 경험을 했던 것입니다. 나만 그런 것은 아닙니다. 10명이 넘는 학생이 잘렸기 때문입니다. 그들도 은혜로 다 졸업했습니다. 그 외에도 나는 집과 차, 여러 모임에서 죽었다 살아난 경험이 있습니다. 내가 믿는 하나님은 죽은 자를 살리시는 분입니다. 사실 죽은 것이 아니라 자는 것입니다.

"이 말씀을 하신 후에 또 이르시되 우리 친구 나사로가 잠들었도다 그러나 내가 깨우러 가노라."(요 11:11)

당신도 어떤 것이 죽었습니까? 괜찮습니다.

하나님이 다시 살리실 것입니다.

바랄 수 없는 중에 바라고 믿으라

당신은 바랄 수 없는 중에 바라고 믿습니까?

내가 지금 누리고 있는 많은 것들은 바랄 수 없는 중에 바라고 그렇게 되었다고 믿었던 것들입니다. 하나님은 그런 내게 믿음의 상으로 모든 것을 응답해 주셨습니다.

하나님은 믿음의 하나님이시며, 당신이 그분을 믿고 따를 때 그것에 대한 상을 반드시 주십니다. 그것도 죽어서가 아닌 이 땅에서 백배로 받아 누리게 하십니다.

나는 실제로 하나님께 백배의 복을 받았습니다.

아브라함은 바랄 수 없는 중에 바라고 믿었습니다.

"아브라함이 바랄 수 없는 중에 바라고 믿었으니 이는 네 후손이 이같으리라 하신 말씀대로 많은 민족의 조상이 되게 하려 하심이라. 그가 백 세나 되어 자기 몸이 죽은 것 같고 사라의 태가 죽은 것 같음을 알고도 믿음이 약하여지지 아니하고 믿음이 없어 하나님의 약속을 의심하지 않고 믿음으로 견고하여져서 하나님께 영광을 돌리며 약속하신 그것을 또한 능히 이루실 줄을 확신하였으니 그러므로 그것이 그에게 의로 여겨졌느니라."(롬 4:18~22)

이 말씀을 보면 "그가 백 세나 되어 자기 몸이 죽은 것 같고 사라의 태가 죽은 것 같음을 알고도 믿었다"고 했습니다. 사람이 큰 믿음을 가졌다고 해서 현실에 무감각한 것이 아닙니다. 다른 사람과 똑같이 모든 것을 느낍니다.

하지만 그들은 그것을 붙들고 그 자리에 주저앉아 울고 있는 것이 아니라 믿음을 선택하고 앞으로 나아갑니다.

하나님은 뒤로 물러가는 것을 기뻐하지 않으십니다.

나도 그동안 많은 시련이 있었지만 뒤로 물러가지 않고 그런 장애물을 하나씩 뛰어넘으며 앞으로 나아갔습니다.

히브리서 10장 38절에 이렇게 말씀합니다. "나의 의인은 믿음으로 말미암아 살리라. 또한 뒤로 물러가면 내 마음이 그를 기뻐하지 아니하리라 하셨느니라."

믿음은 뒤로 물러가는 것이 아니라 앞으로 나아가는 것이며, 주님과 함께 물 위를 걷는 것입니다. 사람이 물 위를 걷는다는 것은 바랄 수 없는 것을 바라는 것입니다.

나는 지금도 매일 물 위를 걷고 있습니다. 물 위에서 설교하고 물 위에서 산책하고 밥 먹고 쉬고 잡니다. 물 위에서 이렇게 책을 씁니다. 이렇게 나로 하여금 물 위에서 살 수 있게 하는 것은 다름 아닌 '믿음의 힘'입니다. 이 믿음은 내 믿음이 아니라 성령님이 주신 '믿음의 은사'입니다.

나는 하루도 믿음이 없이는 살 수 없습니다.

나는 많은 날들을 주님께 물었습니다.

"주님, 오늘은 어떻게 살까요?"

"아들아, 믿음으로 살아라."

나는 매일 믿음으로 삽니다. 그래서 마음이 든든하고 행복합니다. 내 마음에서 믿음이 사라지면 곧 불안해지고 모든 것이 두렵고 무섭습니다. 염려와 근심이 나를 짓누릅니다. 금방이라도 우울증이 생길 것 같습니다.

하루는 아내도 주님께 물었습니다.

"주님, 어떻게 살까요?"

주님께서는 "내 딸아, 믿음으로 살아라"고 말씀하시며 히브리서 11장 6절 말씀을 주셨습니다. "믿음이 없이는 하나님을 기쁘시게 하지 못하나니 하나님께 나아가는 자는 반드시 그가 계신 것과 또한 그가 자기를 찾는 자들에게 상 주시는 이심을 믿어야 할지니라."

당신도 믿음으로 살기 바랍니다.

믿음은 무엇일까요?

믿음은 '바라는 것들'이 아닙니다. 바라는 것들은 '소망'입니다. 믿음은 '바라는 것들의 실상'입니다. 바라는 것을 이미 가졌다고 믿고 확신하는 것입니다. "믿음은 바라는 것들의 실상이요 보이지 않는 것들의 증거니 선진들이 이로써 증거를 얻었느니라. 믿음으로 모든 세계가 하나님의 말씀으로 지어진 줄을 우리가 아나니 보이는 것은 나타난 것으로 말미암아 된 것이 아니니라."(히 11:1~3)

나와 아내는 바랄 수 없는 중에 바라고 믿었고 기도하고 구하는 것을 받았다고 믿었습니다. 우리는 그동안 하나님께 백배의 복, 천배의 복을 받았습니다. 하지만 성령님은 그 모든 것이 통의 한 방울 물과 같다고 하셨습니다.

성령님이 가장 크고 아름답고 존귀한 분이십니다.

내가 믿는 것 중에 가장 큰 것은 무엇일까요?

'나와 함께 계신 성령님'입니다.

성령님은 눈에 보이지 않지만 이 세상 어떤 것보다 더욱 실제적이고 크신 분이고 능력이 많은 분입니다.

나는 성령님만 함께 계시면 무엇이든 할 수 있습니다.

성령님은 나의 전부이십니다.

나는 매일 이렇게 고백합니다.

"성령님, 많이 사랑합니다."

하나부터 열까지 주님께 물으라

당신은 하나님께 복을 받기 위해 순종합니까?

나는 지금까지 주님의 음성을 듣고 순종했습니다.

이해가 안 되어도 묻지도 따지지도 않고 순종했습니다.

내 신앙은 아주 단순합니다. 무엇일까요?

"성령님이 말씀하시면 순종한다."

며칠 전에 한 독자가 내게 전화로 상담했습니다.

"김열방 목사님, 제가 지금 재정적인 문제로 고민하고 있는데 어떻게 하면 될까요? 너무 두려워요."

나는 이렇게 하라며 알려주었습니다.

"성령님, 어떻게 할까요? 라고 물으세요. 그러면 그분이 대답하십니다. 하나부터 열까지 모두 그렇게 하세요."

당신도 성령님께 묻기 바랍니다.

문제가 생길 때마다 이렇게 말하면 됩니다.

"성령님, 어떻게 할까요?"

창세기 12장에 보면 아브라함이 그렇게 주님의 음성을 듣고 순종했음을 보게 됩니다. 어떤 일이 있었을까요?

첫째, 고향 땅과 친척을 떠나라고 하셨습니다.

"여호와께서 아브람에게 이르시되 너는 너의 고향과 친척과 아버지의 집을 떠나 내가 네게 보여 줄 땅으로 가라."(창 12:1)

아브라함은 그 음성을 듣고 순종했습니다. 하지만 친척을 떠나지 않았기 때문에 나중에 칼부림이 날 정도로 큰 다툼이 생기고 결국 조카 롯을 완전히 떠나보냅니다.

당신도 주의 말씀에 온전히 순종해야 합니다.

주님께서 말씀하실 때 뭔가를 남겨 두면 안 됩니다.

어떤 죄나 육신의 생각에 대해 하나도 남김없이 깨끗하게 정리해야 합니다. 주님께서 당신에게 말씀하십니다.

"너는 뭔가를 남겨 두었다. 그것까지 깨끗이 정리하라."

둘째, 하나님이 그에게 복을 준다고 하셨습니다.

"내가 너로 큰 민족을 이루고 네게 복을 주어 네 이름을

창대하게 하리니 너는 복이 될지라."(창 12:2)

하나님은 아브라함에게 뭘 하라고 하지 않았습니다.

"네가 큰 민족을 이뤄라. 네가 복을 만들고 쌓아라. 네가 네 이름을 창대케 하라. 네 스스로 복덩이가 되라."

아닙니다. 하나에서 열까지 모두 하나님이 하신다고 하셨습니다. 하나님의 이런 영역을 존중해야 합니다.

셋째, 땅의 모든 족속이 그로 인해 복을 받을 것이라고 하셨습니다. "너를 축복하는 자에게는 내가 복을 내리고 너를 저주하는 자에게는 내가 저주하리니 땅의 모든 족속이 너로 말미암아 복을 얻을 것이라 하신지라."(창 12:3)

여기에 축복에 대한 말씀이 나옵니다. 아브라함을 축복하는 자에게는 하나님이 복을 내리신다고 했고 아브라함을 저주하는 자에게는 하나님이 저주하신다고 했습니다.

나도 그렇습니다. 나를 축복하는 자에게는 하나님이 복을 내리시고 나를 저주하는 자에게는 하나님이 저주하십니다. 나는 주의 종으로 모든 사람을 축복만 할뿐입니다.

그리고 하나님은 땅의 한두 개 족속이 아닌 '땅의 모든 족속'이 아브라함으로 말미암아 복을 얻을 것이라고 하셨습니다. 하나님은 내게도 이런 복을 주셨습니다. 그래서 나는 내게 주신 귀한 깨달음들을 책에 담아냅니다.

넷째, 아브라함은 주의 말씀을 따라갔습니다.

"이에 아브람이 여호와의 말씀을 따라갔고 롯도 그와 함께 갔으며 아브람이 하란을 떠날 때에 칠십오 세였더라."(창 12:4) 당신은 무엇을 따라갑니까? 많은 사람들이 '주의 말씀'을 따라가지 않고 '사람의 말'을 따라 갑니다.

하나님의 사람은 "어떤 사람이 말한 대로"라는 표현을 쓰지 않도록 조심해야 합니다. 오직 "주님이 말씀하신 대로"라고 해야 합니다. 주님의 말씀이 가장 높습니다.

예수님은 마귀의 모든 시험을 이기셨습니다. 어떻게 이기셨습니까? "아브라함이 말한 대로"라고 하지 않았습니다. "부모님이 말한 대로"라고도 하지 않았습니다.

오직 "기록하였으되"(마 4:7)라고 하셨습니다. 그분은 오직 기록된 말씀으로 마귀의 시험을 물리치셨던 것입니다. 나도 그렇습니다. 사람들이 내게 대해 뭐라 하든 전혀 상관하지 않습니다. 주님께서 내게 말씀하셨습니다.

"네게 무슨 상관이냐? 너는 나를 따르라."(요 21:22)

나를 아는 주위 사람들도 이렇게 말합니다.

"김열방 목사님은 사람들이 뭐라 하든 상관하지 않습니다. 그분은 주의 말씀만 따라 사는 분입니다."

내 인생을 책임져 주는 것은 인맥 곧 이 세상의 어떤 유명한 사람들이 아닙니다. 그들이 어떤 면에서는 고마운 분들이긴 하지만 나는 오직 주의 말씀만 따라 삽니다.

한 사람이 내게 찾아와 말했습니다.

"김열방 목사님, 제가 말한 대로 될 것입니다."

나는 웃으며 말했습니다.

"주의 말씀대로 될 것입니다."

예수님을 잉태한 마리아도 그렇게 대답했습니다. "주의 여종이오니 말씀대로 내게 이루어지이다."(눅 1:38)

아브라함이 여호와의 말씀을 따라 간 것처럼 당신도 그렇게 살기 바랍니다. 이것이 큰 복을 받는 비결입니다.

다섯째, 아브라함은 제단을 쌓고 여호와의 이름을 부르며 예배했습니다. 우리도 그분께 예배해야 합니다.

"아브람이 그의 아내 사래와 조카 롯과 하란에서 모은 모든 소유와 얻은 사람들을 이끌고 가나안 땅으로 가려고 떠나서 마침내 가나안 땅에 들어갔더라. 아브람이 그 땅을 지나 세겜 땅 모레 상수리나무에 이르니 그 때에 가나안 사람이 그 땅에 거주하였더라. 여호와께서 아브람에게 나타나 이르시되 '내가 이 땅을 네 자손에게 주리라' 하신지라. 자기에게 나타나신 여호와께 그가 그 곳에서 제단을 쌓고 거기서 벧엘 동쪽 산으로 옮겨 장막을 치니 서쪽은 벧엘이요 동쪽은 아이라. 그가 그 곳에서 여호와께 제단을 쌓고 여호와의 이름을 부르더니 점점 남방으로 옮겨갔더라."(창 12:5~9)

당신은 무엇을 가장 크게 여기며 붙들고 있습니까?

돈, 가족, 집, 차, 성공 등 눈에 보이는 것은 다 먼지 같이 작은 것입니다. 그런 것을 붙들지 말고 아브라함처럼 가장 큰 복을 붙들어야 합니다. 무엇일까요?

하나님 아버지께 예배하는 것입니다.

예배를 귀하게 여기십시오.

예수 이름으로 축복 기도를 하라

당신은 기도할 때 예수 이름을 부릅니까?

나는 기도할 때 예수 이름을 부르며 간구합니다.

"예수여, 예수여, 저에게 임하소서. 저를 안아 주소서. 저에게 안수해 주소서. 저를 축복하소서."

그러면 예수님은 나를 안아주시고 안수하며 이렇게 말씀하십니다. '내가 너를 축복한다. 너는 귀한 사람이다.'

당신도 기도할 때 예수 이름을 많이 부르기 바랍니다.

그렇게 예수님께 안수 받은 사람은 기름 부으심을 나타내며 다른 사람을 위해 축복 기도를 해주어야 합니다.

기름 부으심이 나타나는 비결

어떻게 하면 기름 부으심이 나타날까요?

그것은 바로 두 가지 일을 행하는 것에 있습니다.

무엇일까요? '오로지 기도하는 일과 말씀 사역'입니다.

그래서 사도들은 이렇게 말했던 것입니다. "우리는 오로지 기도하는 일과 말씀 사역에 힘쓰리라."(행 6:4)

오로지 기도하는 일과 말씀 사역, 이 둘 중에 하나만 해서는 안 됩니다. 둘 다 해야 합니다. 예수님은 혼자 골방에 앉아 나병 들린 사람을 치유해 달라고 종일 기도만 하지 않았습니다. 그분은 한적한 곳에 가서 기도한 다음 일어나서 움직이셨습니다. 이것이 '행함'입니다. 아무리 기도를 많이 해도 행함이 없는 믿음은 죽은 믿음입니다.

예수님은 죽은 지 사흘 만에 부활하셨고 제자들이 보는 앞에서 하늘로 올라가셨습니다. 그리고 자신의 사역을 제자들에게 위임하시며 "너희가 가라"고 명하셨습니다.

"하늘과 땅의 모든 권세를 내게 주셨으니 그러므로 너희는 가서 모든 민족을 제자로 삼아 아버지와 아들과 성령의 이름으로 세례를 베풀고 내가 너희에게 분부한 모든 것을 가르쳐 지키게 하라. 볼지어다. 내가 세상 끝날까지 너희와 항상 함께 있으리라."(마 28:18~20)

당신이 일어나 가야 주님이 함께 가십니다.

울지만 말고 일어나서 움직이라

당신은 울면서 기도만 하고 있지 않습니까?

울고만 있으면 100년을 기도해도 안 됩니다. 예수님은 그렇게 밤낮 기도만 하지 말고 움직이라고 말씀하십니다.

그래서 "가라!"고 하신 것입니다.

당신이 일어나 가야 합니다. "하늘과 땅의 모든 권세를 예수님에게 주셨다고 했잖아요? 그 모든 권세는 예수님이 가지고 계신데요. 우리에게는 하나도 없어요."

그렇지 않습니다. 그렇게 말씀하신 예수님이 "그러므로"라고 하시며 "너희는 가라"고 명령하셨습니다. 하늘과 땅의 모든 권세를 제자들에게 위임했다는 말입니다.

첫째, "너희가 가라."

둘째, "너희가 모든 민족을 제자로 삼아라."

셋째, "너희가 아버지와 아들과 성령의 이름으로 세례를 베풀어라."

넷째, "내가 너희에게 분부한 모든 것을 너희가 가르쳐 지키게 하라."

이 네 가지는 모두 당신에게 위탁된 일입니다.

명심하십시오. 이 네 가지는 주님이 하시는 일이 아닌 주의 성령이 임한 당신이 해야 하는 일입니다. 하나님이나 예수님이나 성령님이 하시는 일이 결코 아닙니다.

하늘과 땅의 모든 권세를 가지신 예수님이 당신에게 가라고 명하십니다. "가라, 가서 이런 네 가지 일을 하라. 그러면 주의 성령이 하늘과 땅의 모든 권세로 너희를 도울 것이다. 주의 성령을 통해 내가 세상 끝날까지 너희와 항상 함께 있을 것이다. 너희는 내가 한 일을 하게 될 것이고 또한 내가 한 일보다 더 큰 일을 하게 될 것이다."

주의 성령이 임한 네가 안수하라

당신은 예수님이 일하기를 기다리지 않습니까?

예수님은 일하지 않으십니다. 그분은 일을 다 끝내고 하늘 보좌에 앉아 계십니다. 그분은 당신을 파송하셨습니다. 당신이 가서 일해야 합니다. 그럴 때 주의 성령이 돕는다고 하셨습니다. 당신이 일하지 않으면 안 됩니다. 당신이 온 천하에 다니며 만민에게 복음을 전해야 합니다.

　나는 20세에 성령을 받은 후 날마다 몇 시간씩 골방에 엎드려 열방의 잃은 영혼들을 달라고 하나님께 기도했습니다. 그리고 하나님은 나를 전국과 세계로 보내 말씀을 전파하며 안수하게 하셨습니다. 그때마다 주 예수께서 친히 함께 역사하시므로 많은 표적과 기사가 나타났습니다.

　하루는 주님께서 내게 말씀하셨습니다.

　"아들아, 너는 믿음으로 모든 사역을 하라. 오직 믿음으로 설교하고 믿음으로 안수하라."

　느낌이 아닌 믿음으로 사역하라고 하셨습니다.

　믿음으로 설교하고 믿음으로 안수하고 믿음으로 귀신을 쫓아내라고 하셨습니다. 당신은 어떻습니까?

　믿음이 아닌 느낌이 올 때까지 기다리지 않습니까?

　느낌은 잠깐 있다 사라지는 것이며 그 느낌을 의지하여 사역한다면 모든 것이 불안해서 뒤로 물러나게 됩니다.

　마가복음 16장에 보면 예수님이 믿지 않는 자들에 대해 꾸짖으신 내용이 나옵니다. 예수님은 다른 어떤 것도 꾸짖지 않으시지만 믿지 않는 것에 대해서는 꾸짖으십니다.

귀신이 쫓겨 나간 것을 귀하게 여기라

마가복음 16장의 내용을 자세히 살펴보겠습니다.

"예수께서 안식 후 첫날 이른 아침에 살아나신 후 전에 일곱 귀신을 쫓아내어 주신 막달라 마리아에게 먼저 보이시니."(막 16:9) 이것은 참으로 감동적인 장면입니다.

부활하신 예수님이 가장 먼저 자신을 보이신 사람은 일곱 귀신을 쫓아내어 주신 여자 막달라 마리아였습니다.

예수님을 믿고 따른 수만 명의 사람들이 있는데 왜 하필 이 여인이었을까요? 정확한 이유는 알 수 없지만 예수님은 그 여인을 특별히 귀하게 여기셨습니다.

그리고 다른 표현을 하지 않고 '전에 일곱 귀신을 쫓아내어 주신 막달라 마리아'라고 했습니다. 예수님은 그 사건을 매우 중요하고 귀한 것으로 여기셨던 것입니다.

어떤 사람도 자신이 부끄럽게 여기고 싫어하는 사람에게 찾아가지 않습니다. 당신은 어떻습니까? 당신이 예수 이름으로 귀신을 쫓아낸 일, 당신에게서 귀신이 쫓겨 나간 일에 대해 부끄럽게 여기지 않습니까?

그 일을 정말 귀하게 여기고 좋아해야 합니다.

내가 사역하다 보면 자신에게서 귀신이 쫓겨 나간 것을 부끄럽게 여기는 사람이 있습니다. 그들은 말합니다. "저에게서 귀신이 쫓겨 나간 것을 절대로 말하지 마세요."

주의 종이 귀신을 쫓아낸 일이나 자신에게서 귀신이 쫓

겨 나간 일은 결코 부끄러운 일이 아닙니다. 주님께서 큰 권능으로 은혜를 베푸신 것입니다. 모든 신령한 일에 대해 당당하게 여기고 간증할 수 있어야 합니다.

당신은 예수님을 믿습니까?

부활하신 예수님을 믿지 않는 사람이 있었습니다.

그들은 보고도 믿지 않고 듣고도 믿지 않았습니다.

"마리아가 가서 예수와 함께 하던 사람들이 슬퍼하며 울고 있는 중에 이 일을 알리매 그들은 예수께서 살아나셨다는 것과 마리아에게 보이셨다는 것을 듣고도 믿지 아니하니라.(막 16:9~11) 당신은 예수님을 믿습니까?

예수님은 믿지 않는 자들에게 찾아가셔서 그들의 잃은 믿음을 회복시켜 주셨습니다. "그 후에 그들 중 두 사람이 걸어서 시골로 갈 때에 예수께서 다른 모양으로 그들에게 나타나시니 두 사람이 가서 남은 제자들에게 알리었으되 역시 믿지 아니하니라."(막 16:12~13)

예수님은 믿지 않는 사람을 통해 일하지 않으십니다.

나라도 그럴 것입니다. 나와 내 말을 믿지 않는 사람과 함께 일할 이유가 없습니다. 그분은 다른 것은 꾸짖지 않고 격려하셨지만 믿음이 없고 마음이 완악한 것은 단호하게 꾸짖으셨습니다. "그 후에 열한 제자가 음식 먹을 때에 예수께서 그들에게 나타나사 그들의 믿음 없는 것과 마음이 완악한 것을 꾸짖으시니 이는 자기가 살아난 것을 본 자들의 말을 믿지 아니함일러라."(막 6:14)

당신은 이 일을 어떻게 생각합니까? 당신을 믿지 않는 사람과 동행하거나 동업할 수 있겠습니까? 결코 그럴 수 없을 것입니다. 예수님은 사람들에게 다른 어떤 것을 요구하지 않으셨습니다. 오직 믿기만 하라고 하셨습니다.

"두려워 말고 믿기만 하라."(눅 8:50)

왜 그럴까요? 오직 믿음을 통해서만 성령님의 기름 부으심이 흘러가기 때문입니다. 하나님은 믿음의 하나님이십니다. 예수님은 믿음의 주이십니다. 성령님은 믿음의 영이십니다. 성령님은 모든 사람에게 믿음을 통해 일하십니다. 삼위 하나님은 믿음으로 모든 세계를 창조하셨습니다.

소망이나 사랑이 아닙니다. "믿음으로 모든 세계가 하나님의 말씀으로 지어진 줄을 우리가 아나니 보이는 것은 나타난 것으로 말미암아 된 것이 아니니라."(히 11:3)

하나님의 말씀은 '믿음의 말씀'입니다. 그러므로 우리도 믿음으로 반응해야 합니다. 당신이 하나님의 말씀을 마음으로 믿고 입으로 시인할 때 성령님의 기름 부으심이 나타나게 됩니다. "눈에 보이지 않는데 믿으라고요?"

그렇습니다. 주의 성령은 눈에 보이지 않습니다.

성령님은 눈에 보이지 않지만 이 세상 그 어떤 것보다 실제적인 분이십니다. 바람이 그런 것처럼 성령님도 눈에 보이지 않지만 믿으면 그로 인한 결과를 얻게 됩니다.

믿음은 무엇입니까? 히브리서에 이렇게 말합니다.

"믿음은 바라는 것들의 실상이요 보이지 않는 것들의 증거니 선진들이 이로써 증거를 얻었느니라."(히 11:1~2)

믿음은 '바라는 것들'이 아닙니다. 그것은 소망입니다.

믿음은 '바라는 것들의 실상'입니다. 그러므로 바라는 것들을 시간과 공간을 초월해서 성령 안에서 이미 받았다고 믿고 그 실상을 마음에 그리며 기도하고 찬송하고 설교하고 전도하고 심방해야 합니다. 그럴 때 성령님의 기름 부으심이 나타납니다. 믿으면 기적이 일어납니다.

당신이 온 천하에 다녀야 한다

당신은 온 천하에 다니며 만민에게 복음을 전하고 있습니까? 나는 지금까지 온 천하에 다녔고 또 평생 온 천하에 다닐 것입니다. 왜 다닐까요? 여행하기 위해서가 아닙니다. 복음을 전하기 위해서입니다. 나는 모든 때에 모든 방법으로 모든 사람에게 복음을 전하고자 온 천하에 다닙니다. 그리고 그곳에서 만나는 사람에게 복음을 전합니다.

하나님의 자녀가 세계 일주, 크루즈 여행 등의 소원을 가지는 것도 잘하는 것이지만 그보다 더 중요한 것은 복음을 전하기 위해 세계를 날아다니는 것입니다.

당신도 "나는 성령님과 함께 온 천하에 다니며 만민에게 복음을 전한다"는 꿈과 소원을 가지기 바랍니다.

예수님이 제자들에게 말씀하셨습니다. "너희는 온 천하에 다니며 만민에게 복음을 전파하라."(막 16:15)

여기서 몇 가지 깨달음을 얻고 생각을 바꿔야 합니다.

무엇일까요?

첫째, "너희는"이라고 했습니다.

한두 사람만 아닙니다. 모든 사람이 다녀야 합니다.

"예수님의 열한 제자들에게 하신 말씀이 아닌가요?"

그렇지 않습니다. 주의 성령이 임한 빌립도 복음을 전하기 위해 사마리아로 갔습니다. 성령님의 뜻은 모든 사람이 온 천하에 다니는 것이며 여기에 당신도 포함됩니다.

둘째, "온 천하에 다니며"라고 했습니다.

어떤 이는 하나님이 내게 지역을 정해주셨다며 그곳에만 머물러 있습니다. 물론 하나님은 어떤 사람에게 특정

지역에 머물게 하면서 그곳에서 사역을 시작하고 자리 잡게 하십니다. 그래서 나도 서울 잠실에 머물고 있습니다.

나는 이곳을 중심으로 사역하지만 이곳에만 머물지는 않습니다. 어떻게든 개인적으로 전도하고 대형전도집회를 인도할 문이 열리면 일어나 전국과 세계로 다닙니다.

외부 일정이 없을 때는 기도하면서 책을 씁니다.

내가 쓴 책이 전국과 세계로 다니면서 내 대신 복음을 전합니다. 지금도 수십만 권의 책이 나의 분신이 되어 곳곳에서 복음을 전하고 있습니다. 당신도 책을 쓰십시오.

셋째, "만민에게"라고 했습니다.

당신은 만민에게 복음을 전하기 위해 외국어를 준비해야 합니다. 물론 그렇지 않더라도 통역으로 전할 수 있습니다. 그리고 만민에게 다 통하는 공용 언어는 주 예수의 이름으로 나타나는 큰 권능과 표적과 기사입니다.

성령님의 기름 부으심이 나타나면 만민이 당신을 찾을 것입니다. 여기저기서 집회 요청이 있을 것입니다. "하나님의 나라는 말에 있지 않고 능력에 있다"고 했습니다.

매일 더 큰 능력을 달라고 간구하십시오.

넷째, "복음을 전파하라"고 했습니다.

복음을 전하지 않는 주의 종들이 있습니다.

강단에서 복음만 빼고 잡다한 것을 전하는 경우도 있는

데, 회개해야 합니다. 어떤 교회는 투표를 통해 철학 박사를 후임 목회자로 세우고 플라톤과 소크라테스에 대한 이야기를 들으며 영혼이 메말라 가고 있습니다. 세상 철학은 아무것도 아니며 모두 초등 학문에 불과합니다. 가장 고상한 지식인 예수 그리스도의 십자가를 전해야 합니다.

다섯째, "믿는 사람은 구원을 얻는다"고 했습니다.

"믿고 세례를 받는 사람은 구원을 얻을 것이요 믿지 않는 사람은 정죄를 받으리라."(막 16:16)

믿음이 뭐 중요하냐고 말하는데 사실 '믿음'이 전부입니다. 믿으면 구원 받고 하나님의 자녀로 천국에 가지만 믿지 않으면 정죄 받고 마귀의 자식으로 지옥에 갑니다.

치유의 능력도 동일합니다. 믿으면 병에서 구원 받고 믿지 않으면 평생 병과 연약함으로 고생하게 됩니다.

여섯째, "믿는 자들에게 표적이 따른다"고 했습니다.

"믿는 자들에게는 이런 표적이 따르리니 곧 그들이 내 이름으로 귀신을 쫓아내며 새 방언을 말하며 뱀을 집어 올리며 무슨 독을 마실지라도 해를 받지 아니하며 병든 사람에게 손을 얹은즉 나으리라 하시더라."(막 16:17~18)

어떤 사람은 이런 표적이 다 중단되었다고 가르치고 책을 씁니다. 그렇다면 구원도 중단되었단 말입니까?

믿음과 세례와 구원이 중단되지 않은 것처럼 믿는 자들

에게 따르는 표적도 중단되지 않았습니다. 그런 것이 중단되었다고 말하는 것은 마귀의 거짓말이므로 속지 말아야 합니다. 그런 말은 듣지도 말고 옮기지도 말아야 합니다.

믿는 자들에게 따르는 표적은 성령의 나타남입니다. 자신이 모르고 경험하지 않았으면 가만히 있어야 합니다.

예수 이름으로 귀신을 쫓아내는 것, 새 방언을 말하는 것, 뱀을 집어 올리는 것, 무슨 독을 마실지라도 해를 받지 않는 것, 병든 사람에게 손을 얹으면 낫는 것, 이 모든 것이 초자연적인 성령님의 기름 부으심의 결과입니다.

이 중에 하나도 결코 중단되지 않았습니다.

그리고 이 모든 것은 느낌이 아닌 믿음을 통해 나타납니다. 그러므로 당신은 오직 믿음으로 모든 사역을 해야 합니다. 믿음으로 복음을 전하고 믿음으로 세례를 주고 믿음으로 귀신을 쫓아내고 믿음으로 방언을 말하고 믿음으로 병든 사람에게 손을 얹어야 합니다. 믿음을 통해 성령님의 기름 부으심과 표적이 나타납니다.

지금은 당신을 통해 일하신다

육체로 오신 예수님의 시대는 끝났습니다.

그분은 자신의 일을 다 끝내고 지금은 하늘 보좌에 앉아 계십니다. 그리고 제자들의 시대가 열렸습니다.

예수님과 동업하셨던 주의 성령이 오순절에 급하고 강한 바람처럼 불의 혀처럼 강림하셨고 그 후로부터는 제자들과 동업하기 시작했습니다. 성령님의 기름 부으심은 제자들에게 전달되었습니다. "주 예수께서 말씀을 마치신 후에 하늘로 올려지사 하나님 우편에 앉으시니라. 제자들이 나가 두루 전파할새 주께서 함께 역사하사 그 따르는 표적으로 말씀을 확실히 증언하시니라."(막 16:19~20)

당신은 어떤가요? 기도의 골방에만 앉아서 하나님 우편에 앉아 계신 주 예수님께 뭔가를 해 달라고 요청하지 않습니까? 성경은 "제자들이 나가 두루 전파했다"고 말씀합니다. 제자들이 본격적으로 움직여야 했던 것입니다.

물론 지금도 주님은 일하고 계십니다. 하지만 제자인 당신이 나가 두루 전파할 때 함께 역사하십니다. 당신이 나가 두루 전파하지 않으면 주님은 함께 역사하실 수 없습니다. 제자들이 나가 전파하지 않았는데 주님이 역사하신 경우가 성경 어디에 나오나요? 아, 한군데 나옵니다.

바울이 그랬습니다. 그는 다메섹 길에서 빛이신 예수님을 직접 만났습니다. 하지만 그런 그에게도 아나니아가 가서 안수하므로 보지 못하던 눈이 치유되고 성령으로 충만케 되었습니다. 성령님은 아나니아를 통하지 않고도 얼마든지 단독으로 바울의 눈을 치유하고 그에게 성령으로 충만케 할 수 있었을 것입니다. 하지만 다메섹에 아나니아라는 제자가 있었고 예수님은 그를 통해 일하셨습니다.

예수 이름으로 신유를 행하라

성령님의 기름 부으심은 어떻게 나타날까요?

당신이 예수 그리스도의 이름으로 명령할 때입니다.

오후 세 시의 기도 시간에 베드로와 요한이 성전에 올라갔습니다. 그때 나면서부터 못 걷게 된 사람을 사람들이 떠메고 왔습니다. 이는 성전에 들어가는 사람들에게 구걸하게 하기 위하여 날마다 성전 문에 두는 자였습니다.

그가 베드로와 요한이 성전에 들어가려는 것을 보고 구걸했습니다. 베드로가 요한과 더불어 그를 주목하여 말했습니다. "우리를 보라." 그가 그들에게서 무엇을 얻을까 하여 바라보았습니다. 그때 베드로가 말했습니다. "은과 금은 내게 없거니와 내게 있는 이것을 네게 주노니 나사렛 예수 그리스도의 이름으로 일어나 걸으라."(행 3:6)

그의 오른손을 잡아 일으키니 발과 발목이 곧 힘을 얻

고 뛰어 서서 걸으며 그들과 함께 성전으로 들어가면서 걷기도 하고 뛰기도 하며 하나님을 찬송했습니다.

모든 백성이 그 걷는 것과 하나님을 찬송함을 보고 그가 본래 성전 미문에 앉아 구걸하던 사람인 줄 알고 그에게 일어난 일로 인하여 심히 놀랍게 여기며 놀랐습니다.

나은 사람이 베드로와 요한을 붙잡았습니다.

그때 베드로는 크게 놀라며 모여드는 백성들에게 이렇게 예수 이름을 강력하게 전했습니다. "이스라엘 사람들아, 이 일을 왜 놀랍게 여기느냐? 우리 개인의 권능과 경건으로 이 사람을 걷게 한 것처럼 왜 우리를 주목하느냐? 너희가 십자가에 못 박아 죽인 예수님을 하나님이 다시 살리셨다. 그 이름을 믿으므로 그 이름이 너희가 보고 아는 이 사람을 성하게 하였다. 예수로 말미암아 난 믿음이 너희 모든 사람 앞에서 이같이 완전히 낫게 하였다."

그렇습니다. 이 권능은 베드로 개인에게서 흘러나온 베드로의 권능이 아닌 성령님의 권능 곧 성령님의 기름 부으심이었던 것입니다. 그리고 "예수 이름이 이 사람을 고쳤다"고 했습니다. 예수 이름은 '성령님의 기름 부으심이 흐르는 이름'입니다. 이 일로 5,000명이 구원을 받았습니다.

당신도 예수 이름으로 명령하십시오.

그럴 때 당신 안에 강물처럼 흐르고 있는 성령님의 기

름 부으심이 바깥으로 나타납니다. 예수 이름으로 명령하는 것은 당신이 해야 하는 일입니다. 아무리 성령님의 기름 부으심이 당신 안에 강물처럼 흐르고 있어도 예수 이름으로 명령하지 않으면 100년이 지나도 아무 일이 일어나지 않습니다. 100년이 지나도 못 걷는 사람은 그대로 못 걷고 사람들은 구원 받지 못합니다. 복음을 듣는 사람이 그 들은 말씀에 자신의 믿음을 결부시켜야 유익합니다.

"그들과 같이 우리도 복음 전함을 받은 자이나 들은 바그 말씀이 그들에게 유익하지 못한 것은 듣는 자가 믿음과 '결부'시키지 아니함이라."(히 4:2)

"결부"는 다른 말로 '결합'입니다. 이것은 '둘 이상의 사물이나 사람이 서로 관계를 맺어 하나가 됨'을 뜻합니다.

예수 이름과 그것을 믿는 믿음이 한 덩이가 되어야 하고 천국 복음과 그것을 믿는 믿음이 한 덩이가 되어야 합니다. 천국 복음이 무엇입니까? "하나님의 나라가 권능으로 이 땅에 임했다"는 것입니다. 천국 복음은 성령님의 기름 부으심을 의미합니다. 이러한 엄청난 성령님의 기름 부으심은 어디에 있습니까? 주의 성령이 임한 사람 안에 강물 같이 흐르고 있습니다. 그런데 왜 안 나타납니까?

첫째, 그것이 있는지 모르기 때문입니다.

둘째, 그것이 나타난다고 믿지 않기 때문입니다.

마귀는 "성령님의 기름 부으심이 없다. 네가 예수 이름으로 안수하며 명령해도 아무 일도 안 생길 것이다"라고 속삭입니다. 그런 마귀의 말과 주변 사람들의 말, 느낌과 현상을 믿지 말고 하나님의 말씀을 믿어야 합니다.

분명히 예수님은 제자들에게 "믿는 자들에게는 이런 표적이 따른다"고 했습니다. 핵심은 이것입니다. "성령님의 기름 부으심과 그것을 믿는 믿음이 한 덩이가 되어야 한다"는 것입니다. 그래야 강력한 권능이 나타납니다.

나는 지금까지 이 믿음으로 기도하고 찬송하고 설교하고 전도하고 심방했습니다. 주님께서 말씀하셨습니다.

"아들아, 믿음으로 안수하라. 강하고 담대하게 안수하라. 그러면 성령님의 기름 부으심이 나타난다."

내가 믿음으로 담대하게 안수할 때 수천 명의 사람들에게 성령이 임했고 그들의 입에서 즉시 방언이 흘러나왔습니다. 내가 믿음으로 담대하게 안수할 때 귀신이 떠나가고 병이 나았습니다. 당신도 그렇게 하십시오. 의심과 부끄러워하는 마음이 아닌 '담대한 믿음'이 상을 얻게 합니다.

히브리서 10장 35절에 말씀합니다. "그러므로 너희 담대함을 버리지 말라. 이것이 큰 상을 얻게 하느니라."

주의 성령이 내게 임하셨다

주의 성령이 임한 사람은 행동해야 합니다.

행동할 때 성령님의 기름 부으심이 나타납니다.

"주의 성령이 내게 임하셨으니 이는 가난한 자에게 복음을 전하게 하시려고 내게 기름을 부으시고 나를 보내사 포로 된 자에게 자유를, 눈 먼 자에게 다시 보게 함을 전파하며 눌린 자를 자유롭게 하고 주의 은혜의 해를 전파하게 하려 하심이라 하였더라."(눅 4:18~19)

여기서 "주의 성령이 내게 임하셨으니, 내게 기름을 부으시고, 나를 보내사"라고 했습니다.

누가 움직이는 주체입니까? 주의 성령이 아닙니다.

나입니다. 하나님이 나를 보내셨습니다.

하나님이 나사렛 예수에게 기름을 부으신 것처럼 나에게도 기름을 부으셨습니다. 예수님은 그분의 일을 끝내고 쉬고 계십니다. 지금은 예수님의 제자인 내가 움직여야 합니다. 마가복음 16장 20절에 "제자들이 나가 두루 전파할새 주님께서 함께 역사하셨다"고 했습니다.

제자인 내가 나가서 두루 전파하지 않으면 주님께서 함께 역사하실 수 없습니다. "주님께서 나가 두루 전파하실 때 제자들이 함께 일했다"고 하지 않았습니다. 주님께서 나가서 일하실 때 제자들이 따르는 표적을 일으킨 것이 결코 아닙니다. 제자들이 나가서 일할 때 주님께서 따르는 표적을 일으키셨습니다. 이것이 영적인 법칙입니다.

하지만 마땅치 않은 일을 할 때는 성령님의 기름 부으심이 안 나타납니다. 주의 성령이 임한 사람에게 마땅치 않은 일이 무엇일까요? '과부를 접대하는 일' 등입니다.

사도들은 교인 수가 많아지고 재정도 많아지자 교회 내부의 불쌍한 과부들을 돌보기 시작했는데 그 일로 인해 큰 원망이 생겼습니다. 과부를 돌보지 말란 말인가요?

아닙니다. 그것이 사도들이 해야 할 일이 아니라는 말입니다. 그래서 집사들에게 안수하며 위탁했습니다. 집사들에게도 그것은 마땅치 않은 일이었습니다. 집사인 스데반은 거리에 나가 입을 열어 복음을 전했습니다. 그로 인해 돌에 맞아 죽었습니다. 예루살렘 교회에 큰 박해가 일어났고 모두 유대와 사마리아로 흩어지게 되었습니다.

과부는 누가 돌봐야 합니까? 교회가 아닌 믿는 여자 친척입니다. "만일 믿는 여자에게 과부 친척이 있거든 자기가 도와주고 교회가 짐 지지 않게 하라. 이는 참 과부를 도와주게 하려 함이라"(딤전 5:16)고 말씀했습니다.

주의 성령이 임한 사람은 모두 기도하는 일과 말씀 사역에 힘써야 합니다. 사도들은 결단했습니다. "우리는 오

로지 기도하는 일과 말씀 사역에 힘쓰리라."(행 6:4)

나는 이 사실을 깨닫고부터 '종일 기도'를 나의 주된 일로 삼고 오전 8시~오후 5시까지 종일 기도에 힘씁니다.

당신도 종일 기도에 헌신하기 바랍니다. 내가 쓴 〈종일 기도〉라는 책을 주문해서 여러 번 읽어보기 바랍니다.

복음 전도자 빌립처럼 사역하라

큰 박해로 인해 흩어진 사람들이 무엇을 했습니까?

복음을 전했습니다. "그 흩어진 사람들이 두루 다니며 복음의 말씀을 전할새."(행 8:4) 성령님이 오신 목적은 단순히 교회를 세우고 구제하는데 있지 않습니다. 두루 다니며 복음의 말씀을 전하는데 있습니다. 빌립 집사는 사마리아 성 백성에게 그리스도를 전했습니다. "빌립이 사마리아 성에 내려가 그리스도를 백성에게 전파하니."(행 8:5)

빌립이 골방에서 기도하고 그 결과로 성령님이 사마리아 성에 내려가 그리스도를 백성에게 전파한 것이 아닙니다. 성경은 분명히 "빌립이 움직였고 가서 복음을 전파했다"고 했습니다. 당신도 기도만 하고 있으면 안 됩니다.

물론 기도가 가장 우선되고 중요한 일입니다. "우리는

오로지 기도하는 일과"라고 했습니다. 그 다음에 "말씀 사역에 힘쓰리라"입니다. 오래 기도했으면 그 다음에는 일어나 돌아다니며 말씀 사역을 해야 합니다. 기도만 한다고 성령님의 기름 부으심이 나타나는 것이 아닙니다. 말씀 사역을 하는 중에 성령님의 기름 부으심이 나타납니다.

예수님도 그랬습니다. 예수님이 한적한 곳에 가셔서 오래 기도했지만 그 결과로 성령님이 혼자 마을에 가셔서 일하시므로 어떤 기적이 일어났다고 하지 않았습니다.

그렇게 오래 기도한 다음, 예수님이 직접 회당에 가서 '말씀을 가르치실 때' 성령님의 기름 부으심이 나타나서 귀신이 쫓겨 나가고 많은 병자가 나았다고 했습니다.

예수님을 통해 일하셨던 성령님은 이제 그의 제자인 빌립을 통해 일하시기로 뜻을 정하셨습니다.

"무리가 빌립의 말도 듣고 행하는 표적도 보고 한마음으로 그가 하는 말을 따르더라."(행 8:6)

무리는 빌립이 전한 말씀을 믿었습니다.

그 결과가 무엇입니까?

"많은 사람에게 붙었던 더러운 귀신들이 크게 소리를 지르며 나가고 또 많은 중풍병자와 못 걷는 사람이 나으니 그 성에 큰 기쁨이 있더라."(행 8:7~8)

여기에 세 가지 중대한 원리가 나옵니다.

첫째, 주의 성령이 임한 빌립이 움직였다.

둘째, 빌립이 예수 이름과 하나님 나라를 전했다.

셋째, 무리가 빌립의 말을 듣고 한 마음으로 믿었다.

이것이 성령님의 기름 부으심이 나타나는 비결입니다.

이 중에 한 가지라도 빠지면 성령님의 기름 부으심은 나타나지 않습니다. 빌립이 움직이지 않았다면 아마 과부를 접대하는 일만 하고 있었을 것이며, 거기에는 성령님의 기름 부으심이 없었을 것입니다. 성령님은 마땅치 않은 일에 기름 부으심을 나타내시지 않기 때문입니다.

빌립이 움직였다 할지라도 그곳에서 예수 이름과 복음의 말씀을 전하지 않았다면 아무 일도 안 일어났을 것입니다. 그가 세상 초등 학문인 철학과 온갖 사상을 전했다면 성령님의 기름 부으심이 나타날 리가 만무합니다.

아무리 빌립이 움직이고 복음의 말씀을 전해도 무리가 믿지 않고 배척했다면 성령님의 기름 부으심이 나타나지 않았을 것입니다. 예수님 때도 그랬습니다.

그분이 고향에서 말씀을 전하실 때 사람들은 믿지 않고 배척했고 그로 인해 능력을 행하실 수 없었으며 몇 사람만 안수하여 치유했을 뿐이라고 성경은 말씀합니다.

이러한 세 가지가 맞아떨어질 때 성령님의 기름 부으심

이 나타납니다. 그 결과 많은 사람에게 붙었던 더러운 귀
신들이 크게 소리를 지르며 나가고 또 많은 중풍병자와 못
걷는 사람이 낫고 그 곳에 큰 기쁨이 있게 됩니다.

안수를 통해 성령이 임했다

당신은 성령을 받기 위해 안수하는 것을 보았습니까?

나는 그동안 성령을 받기 위해 많이 안수했는데 그때마
다 실제로 성령이 강하게 임했습니다. 놀라운 일입니다.

성령님은 하나님이신데 어떻게 안수로 임합니까? 성경
에 나오는 사건들을 우리는 다 이해할 수 없습니다. 주인
이신 하나님이 그런 방식으로 일하시겠다고 법칙으로 정
하셨기 때문에 그분의 종인 우리는 믿고 따를 뿐입니다.

"예루살렘에 있는 사도들이 사마리아도 하나님의 말씀
을 받았다 함을 듣고 베드로와 요한을 보내매 그들이 내려
가서 그들을 위하여 성령 받기를 기도하니 이는 아직 한
사람에게도 성령 내리신 일이 없고 오직 주 예수의 이름으
로 세례만 받을 뿐이더라. 이에 두 사도가 그들에게 안수
하매 성령을 받는지라."(행 8:14~17)

이때 사도들이 예루살렘의 골방에 가만히 앉아 울며 기

도하고 그 기도 응답으로 성령님이 혼자 사마리아에 가서 그렇게 역사하신 것이 아닙니다. 성령님은 사람을 통해 일하십니다. 구체적으로 어떻게 일하실까요?

첫째, "베드로와 요한을 보냈다"고 했습니다.

그들이 성령님을 보낸 것이 아닙니다. 오늘날 많은 사람들이 자신은 가지 않고 기도를 통해 성령님을 보내려고 합니다. 성령님은 사람에게 보냄을 받으시는 선교사가 아닙니다. 성령님은 사람을 선교사로 보내시는 분입니다. 그리고 그들과 동행하며 권능을 나타내시는 분입니다.

둘째, "그들이 내려가서"라고 했습니다.

그들이 가만있고 성령님이 내려가신 것이 아닙니다.

그들이 내려가기 전에, 성령님이 단독으로 움직이실 수 없었습니다. 성령님은 그들을 두고 혼자 내려가시거나 올라가시는 분이 아닙니다. 왜 그럴까요? 교회는 그리스도의 몸이기 때문입니다. 몸은 머리가 움직이는 것이 아니라 손과 발이 움직입니다. 머리는 붙어서 지시만 내립니다.

셋째, "그들을 위하여 성령 받기를 기도하니"라고 했습니다. 누가 기도했습니까? '그들'입니다.

누구를 위해 기도했습니까? '그들을 위하여'입니다.

무엇을 위해 기도했습니까? '성령 받기를' 기도했습니다. 그 이유가 무엇입니까? 아직 한 사람에게도 성령 내리신 일이 없었기 때문입니다. 그들은 오직 주 예수의 이름으로 세례만 받았을 뿐입니다.

넷째, "이에 두 사도가 그들에게 안수하매"라고 했습니다. 안수를 통해 성령이 임하는 법칙을 누가 정하셨습니까? 어떤 단체의 지도자가 아닙니다. 왕이나 관원도 아닙니다. 백성들이 투표해서 정한 것도 아닙니다. 그 모든 것보다 억만 배나 크신 하나님이 정하신 것입니다.

다섯째, "성령을 받는지라"고 했습니다.

"방언을 받는지라"가 아닙니다. "성령을 받는지라"고 했습니다. 방언은 은사이고 성령은 하나님입니다. 성령을 받은 사람에게 방언이라는 은사가 나타나게 되는 것입니다. "안수하니까 성령이 임했다"는 이 엄청난 사실에 대해 사도행전 2장 33절에 이렇게 말씀합니다. "하나님이 오른손으로 예수를 높이시매 그가 약속하신 성령을 아버지께 받아서 너희가 보고 듣는 이것을 부어 주셨느니라."

오순절 120문도에게는 안수하는 사람이 없었습니다.

아직 그들 중에 주의 성령이 임한 사람이 한 명도 없었기 때문입니다. 그러나 오순절 이후로는 주의 성령이 임한 사람이 있었기 때문에, 하나님은 그 사람들의 안수를 통해 성령을 부어 주기로 정하셨습니다. 그 사람이 성령을 줍니까? 아닙니다. 그 사람 안에 계신 예수님이 안수를 통해 일하시며, 그가 예수 이름으로 안수하는 순간 다른 사람에게 성령이 내리게 되었습니다. 당신도 예수 이름으로 안수하면 다른 사람에게 성령이 임할 것입니다.

하나님이 알하시는 방법

에베소 교회도 바울의 안수를 통해 성령이 임했습니다. 사도행전 19장 1~7절을 보십시오.

"아볼로가 고린도에 있을 때에 바울이 윗 지방으로 다녀 에베소에 와서 어떤 제자들을 만나 이르되 '너희가 믿을 때에 성령을 받았느냐?' 이르되 '아니라, 우리는 성령이 계심도 듣지 못하였노라' 바울이 이르되 '그러면 너희가 무슨 세례를 받았느냐?' 대답하되 '요한의 세례니라' 바울이 이르되 '요한이 회개의 세례를 베풀며 백성에게 말하되 내 뒤에 오시는 이를 믿으라 하였으니 이는 곧 예수라' 하거늘 그들이 듣고 주 예수의 이름으로 세례를 받으니 바울이 그들에게 안수하매 성령이 그들에게 임하시므로 방언도 하고 예언도 하니 모두 열두 사람쯤 되니라."

이 장면에도 동일하게 성령님이 혼자 에베소에 가셔서 일하신 것이 아닙니다. 누구를 통해 일하셨습니까?

바울입니다.

바울은 누구를 통해 치유와 성령의 충만함을 경험했습니까? 베드로나 요한 등 다른 사도가 아닌 다메섹에 있는 평신도 제자인 아나니아의 안수를 통해서였습니다. 아나니아가 안수할 때 그 안에 계신 예수님이 함께 안수하셨던 것입니다. 이것이 하나님이 일하시는 방식입니다.

내가 20대에 안수함으로 많은 사람들이 성령을 받게 되자 한 사람이 내게 물었습니다. "당신이 사도입니까? 그래서 당신이 우리에게 안수하면 성령이 임하게 되는 것입니까?" 나는 그 질문에 단지 "내 안에 예수님이 계시기 때문에 안수하면 성령이 임한다"라고만 대답해 주었습니다.

아나니아는 사도가 아닌 제자였지만 그가 안수할 때 바울에게 즉시 치유와 성령 충만이 임했습니다.

성전 미문에 앉은 앉은뱅이를 고쳤을 때 사람들이 베드로에게 모여들었고 그를 주목했던 것처럼 성령이 임하는 사건에 있어서도 사람들은 안수하는 사람에게 주목하는데, 이것은 좋지 못한 관심입니다. 베드로는 자신이 아닌 예수님이 고쳤다고 했습니다. 안수할 때 사람들에게 성령이 임하는 것도 안수하는 사람의 개인적인 권능과 경건이 아닌 예수 이름과 함께 하나님이 역사하시는 것입니다.

아무리 대단한 기적이 일어나도 그 안수하는 사람에게

서 어떤 영광을 발견하려고 하지 마십시오. 모든 일은 예수 이름을 통해 예수님이 직접 일하시는 것입니다.

아나니아에게 안수 받았던 바울이 이제는 다른 사람의 성령 받는 문제를 위해 손을 내밀어 안수하게 되었습니다.

여기서 몇 가지 깨달음을 얻을 수 있습니다.

첫째, "너희가 믿을 때에 성령을 받았느냐?"라고 했습니다. 바울은 "너희가 믿을 때에 방언을 받았느냐?"라고 묻지 않았습니다. "너희가 믿을 때에 성령을 받았느냐?"라고 물었습니다. 그리고 방언 받기를 위해 안수하며 기도하지 않고 성령 받기를 위해 안수하며 기도해 주었습니다.

그들은 무엇을 받았습니까? 악령을 받지 않고 성령을 받았습니다. 또한 마귀 방언을 받지 않고 성령님의 나타나심을 통한 방언을 선물로 받았습니다.

"그래도 조심스러워요. 잘못되면 어떻게 해요."

'마귀 방언'은 성경에 없는 말입니다. 이 말은 마귀의 거짓말이며 육신의 사람들이 지어낸 말입니다. 방언을 받지 못하게 하고 또 사용하지 못하게 하기 위함입니다.

방언은 하나님께 말하는 영의 기도이며 어떤 사람이나 천사도 마귀도 알아듣지 못하는 비밀입니다.

둘째, "아니라, 우리는 성령이 계심도 듣지 못하였노라"고 대답했습니다. 오늘날도 성령님의 존재와 그분의 인격에 대해 무지한 사람들이 많습니다. 당신은 성령님을 아십니까? 성령님을 만나고 사귀면 인생이 바뀝니다.

셋째, "바울이 그들에게 안수하매 성령이 그들에게 임하시므로"라고 했습니다. 바울은 예수 이름을 전했고 그들이 주 예수의 이름으로 세례를 받게 했습니다.

그 후에 안수하자 성령이 그들에게 임하셨습니다.

하루는 내가 안수하려고 할 때 두 명의 청년이 당황하며 말했습니다. "저는 아직 물세례를 안 받았는데 성령을 받을 수 있나요?" 나는 괜찮다고 말하며 안수했습니다.

그러자 그 두 사람에게 즉시 성령이 임했고 그들의 입에서 아름다운 방언이 유창하게 흘러나왔습니다.

성령을 받는 것은 물세례와 상관없습니다. 고넬료 식구들이 그랬습니다. 그들은 물세례를 받기 전에 베드로의 설교를 듣는 중에 모두들 성령을 받고 방언을 말했습니다.

넷째, "방언도 하고 예언도 하니 모두 열두 사람쯤 되니라"고 했습니다. 여기서 순서가 중요합니다. "예언도 하고 방언도 하니"가 아닙니다. "방언도 하고 예언도 하니"입니다. 바울은 고린도 교회에 "나는 너희가 다 방언 말하기를 원한다. 그러나 특별히 예언하기를 원한다"고 했습니다.

성령이 임할 때 방언을 먼저 주십니다. 방언이 그만큼 그 사람의 개인적인 기도 생활에 중요하고 꼭 필요한 은사이기 때문입니다. 당신도 성령을 받기 위해 안수 받기 바랍니다. 그리고 성령이 임하도록 다른 사람에게 안수하기 바랍니다. 더 큰 기름 부으심을 원합니까?

"성령을 구하라, 하늘에 계신 너희 천부께서 구하는 자에게 성령을 주시지 않겠느냐?"라고 하신 예수님이 나중에 제자들에게 "성령을 받으라"(요 20:22)고 했습니다.

구하는 것과 받는 것은 다릅니다. 구하고 찾고 두드리는 사람은 간절한 마음으로 그 일을 하지만 받는 사람은 편안하게 받습니다. 당신은 언제까지 구하고 찾고 두드리기만 하겠습니까? 이제는 받아야 하지 않겠습니까?

이제부터는 기도를 바꾸고 이렇게 말하십시오.

"주님, 저는 받습니다. 수천수만 배의 더 큰 기름 부으심을 받습니다. 지혜를 받습니다. 치유를 받습니다. 재정을 받습니다. 집과 땅과 교회 성장을 받습니다."

하나님 아버지는 그 모든 것을 주기 원하십니다.

무엇이든지 다 받아 누리기 바랍니다.

영으로 축복 기도를 하는 방법

당신은 영으로 축복 기도하는 방법을 아십니까?

나는 영으로 나 자신과 남을 축복하는 기도를 많이 합니다. 그것은 곧 방언으로 기도하는 것입니다. 그래서 내가 응답을 많이 받는 것입니다. 당신도 어떻게 하면 이 귀한 방언을 활용할 수 있는지 지혜를 얻어야 합니다.

방언은 성령님의 나타나심이다

나는 20세에 성령을 받고 방언을 말하게 되었습니다.

그리고 지금도 매일 방언으로 5시간~10시간 정도 기도하고 있습니다. 내가 방언 기도를 하지 않으면 그렇게 오래 기도할 수 없었을 것입니다. 방언은 영으로 오래 기도하라고 주신 초자연적인 언어인데, 많은 사람들이 방언을 받아 놓고도 사용하지 않고 있습니다. 왜일까요? 방언 기도의 엄청난 유익과 가치, 그 사용 방법을 몰라서 그런 것입니다. 방언은 성령님이 주신 정말 귀한 은사입니다.

방언은 '성령님의 나타나심'입니다. 다른 은사들은 '사람에게 사역할 때의 성령님의 나타나심'이지만 방언은 '하나님께 기도할 때의 성령님의 나타나심'입니다. 둘 다 중요하고 꼭 필요합니다. "성령 안에서 기도하라"고 할 때 '성령님의 나타나심 안에서 기도하라'는 의미입니다.

바울은 에베소서 6장 18절에 말했습니다. "모든 기도와 간구를 하되 '항상 성령 안에서 기도하고' 이를 위하여 깨어 구하기를 항상 힘쓰며 여러 성도를 위하여 구하라."

모든 기도와 간구를 하는 것도 중요하지만 '항상 성령 안에서' 기도해야 합니다. 성령님의 나타나심인 방언으로 기도할 때 이것이 실제로 가능합니다. 여러 성도를 위하여 구할 때도 방언 기도는 매우 유익합니다.

한국말과 방언을 섞어 축복 기도하라

나의 외할머니 김순금 권사님은 종일 기도하고 성경 읽는 분이셨습니다. 나는 기회가 될 때마다 할머니에게 찾아가서 무릎 꿇고 축복 기도를 받았습니다. 할머니는 그런 나를 환한 얼굴로 반기며, 때로는 내 손을 꼭 잡고 때로는 내 머리에 안수하며 성령님의 기름 부으심이 내 온 몸에 흘러내릴 정도로 간절히 축복 기도를 해주셨습니다.

그 축복 기도가 내 인생에 많이 이루어졌고 지금도 계속 이루어지고 있습니다. 할머니의 다른 손자들도 그렇게 축복 기도를 받았는지는 모르지만 그러지 않았다 할지라도 할머니가 자녀와 손주들의 이름을 불러 가면서 계속 눈물로 기도하신 것만은 확실합니다. 나는 그런 모습을 자주 내 눈으로 보았고 또 할머니에게 직접 묻고 들었습니다.

"할머니, 종일 무엇을 그렇게 기도하세요?"

"응, 교회와 목사님을 위해, 자녀를 위해, 그리고 너희들을 위해, 한 사람씩 이름을 불러 가며 기도한다."

할머니는 교회를 비롯한 모든 사람의 형편을 다 아는 것은 아니었기 때문에 한국말과 방언을 섞어 작은 소리로 중얼거리며 끝도 없이 축복 기도를 하셨습니다.

"하나님, 우리 교회 목사님을 위해 기도합니다. 리드리

이스티 디바바바. 주님, 아들을 위해 기도합니다. 라바바라 스바바 라디야. 주님, 딸을 위해 기도합니다. 스바바."

할머니는 이처럼 지혜로운 분이셨습니다.

방언은 '100퍼센트 축복 기도'입니다.

방언은 영으로 하나님께 기도하는 것이며 당신이 누군가의 이름을 부르며 방언으로 기도할 때 성령님이 하나님의 뜻대로 그를 위하여 친히 간구하시는 것이 됩니다. "이와 같이 성령도 우리의 연약함을 도우시나니 우리는 마땅히 기도할 바를 알지 못하나 오직 성령이 말할 수 없는 탄식으로 우리를 위하여 친히 간구하시느니라. 마음을 살피시는 이가 성령의 생각을 아시나니 이는 성령이 하나님의 뜻대로 성도를 위하여 간구하심이니라."(롬 8:26~27)

당신이 기도할 때, 이러한 성령님의 말할 수 없는 탄식으로 우리를 위하여 친히 간구하시는 도우심을 받는 것은 오순절에 120명의 제자들이 그랬던 것처럼 "성령이 말하게 하심을 따라 다른 방언으로 말할 때" 가능합니다.

"하나님의 선하시고 기뻐하시고 온전하신 뜻이 무엇인지 분별하도록 하라"(롬 12:2)고 했습니다. 우리는 이를 위해 노력하지만 어떤 사람도 하나님의 기뻐하시고 선하시고 온전하신 뜻을 다 모릅니다. 하지만 마음을 살피시는 성령님은 그것을 다 아시고 친히 간구해 주십니다. 바울은 이것을 "네가 영으로 축복한다"(고전 14:16)고 했습니다.

그래서 나는 다른 사람을 안수하며 축복 기도할 때 한국말로 몇 마디 기도해 준 후에 방언으로 1분 정도 기도해 줍니다. 그러면 즉시 응답이 와서 사람들이 그 자리에서 성령을 받게 되고 방언을 말하게 됩니다. 귀신이 쫓겨 나가고 병이 낫게 됩니다. 환상을 보고 예언을 말하게 됩니다. 이것이 영으로 축복 기도하는 방법입니다.

당신도 한국말로만 축복 기도를 하지 말고 영으로도 축복 기도를 하기 바랍니다. 이 두 가지를 적절하게 섞어 품위 있고 질서 있게 축복하십시오. 그러면 성령님의 임재하심과 기름 부으심이 나타나고 즉시 응답이 올 것입니다.

"구약에는 그렇게 영으로 축복 기도를 안 했잖아요?"

안 한 것이 아니라 못 한 것입니다.

그때는 영의 기도인 방언을 받은 사람이 한 명도 없었기 때문입니다. 귀신이 쫓겨 나간 적도 없었습니다. 주의 종이 안수할 때 성령이 임하면서 방언을 받게 된 적이 없습니다. 예언과 치유와 다른 기적들만 있었습니다.

안수할 때 성령이 임하므로 방언을 말하거나 귀신이 쫓겨 나가는 것은 '옛 언약의 백성들'에게는 없었습니다. 오순절 이후로 '새 언약의 백성들'에게만 열린 것입니다.

이제 안수하므로 성령이 임하는 것이 예수 이름으로 가

능해졌습니다. 예수님은 "보혜사 곧 아버지께서 내 이름으로 보내실 성령"(요 14:26)이라고 하셨습니다.

지금은 예수의 영이신 '성령의 시대'가 왔고 그로 인해 마음으로 축복하고 또 영으로 축복하는 것, 이 두 가지가 다 가능해졌습니다. 이 두 가지는 창공을 나는 비행기의 양쪽 두 날개와 같습니다. 많은 사람들이 한쪽 날개로만 날려고 합니다. 그래서 아무 일도 안 일어나는 것입니다.

당신이 안수하면서 마음 곧 한국말로만 축복 기도를 하면 "언젠가는 하나님이 당신에게 복을 줄 것이다"라는 식의 미래형의 내용으로 기도해 주게 됩니다. 하지만 마음으로 기도한 다음에 영으로 기도하면 그 자리에서 즉시 성령이 임하고 방언을 말하게 되고 귀신이 쫓겨 나갑니다. 병이 치유되고 방언 통역을 통해 예언이 주어집니다.

축복 기도에 대한 응답이 즉시 오는 것입니다.

많은 사람들에게 이런 지식이 없습니다.

영적인 것에 대해 연구해야 합니다.

신령한 은사들을 많이 연구하라

신령한 은사들을 연구하라

당신은 신령한 것을 연구한 적이 있습니까?

나는 20세에 방언을 받은 즉시 내가 받은 방언이 어떤 것인지 궁금하여 많은 책을 읽으면서 연구했습니다.

노트북이나 자동차를 구입한 사람이 그것을 활용하기 위해 회사에서 만든 〈사용 설명서〉를 자세히 읽고 그 기능을 하나씩 사용해 보며 익숙해지는 것과 같은 과정입니다.

내가 읽은 '성령과 은사'에 대한 책들 중에는 방언에 대해 부정적인 글과 사례를 담은 책도 몇 권 있었는데 그 책의 결론이 자기가 방언을 받지 못했다는 것이어서 그냥 웃고 넘겼습니다. 다시는 그런 책을 보지 않기로 했습니다.

나는 몇몇 부정적인 사람들을 보면서 그들의 공통점을 발견했는데, 그것은 곧 자신이 갖지 못한 것에 대해 변명하기 위해 그렇게 부정적인 말을 한다는 것이었습니다.

당신이 아직 방언을 받지 못했다면 내게 찾아와서 안수를 받으십시오. 그러면 즉시 받게 될 것입니다. 그리고 내가 쓴 책 〈성령을 체험하라〉를 주문해서 읽어보십시오.

성령님과 은사에 대한 부정적인 생각을 버리십시오.

그 세계에 들어가기 전에는 누구나 부정적입니다.

나도 그랬습니다. 내가 아파트에 들어가서 살기 전에는 아파트에 사는 사람들에 대해 부정적으로 표현했습니다.

"저 닭장 같은 아파트에 살면 얼마나 답답할까?"

그러다 하루는 왜 저렇게 수천 채의 아파트에 사람들이 모여 사는지 궁금해서 그들의 의식 수준을 알기 위해 나도 월세로라도 한 번 살아봐야겠다는 생각이 들었습니다.

아내와 함께 산책하는 중에 건널목에서 신호를 대기하고 있는데 성령님께서 '건너편에 있는 저 아파트를 보러 가라'는 마음을 주셨습니다. 가보니 우리 여섯 식구가 살 수 있는 방 다섯 칸짜리 넓은 아파트가 있었습니다. 그리고 기적을 베풀어주셔서 그 아파트를 사게 하셨습니다.

아파트로 이사하니 내 생각이 완전히 바뀌었습니다.

'이렇게 좋은 아파트에 왜 이제야 살게 되었을까?'

나는 지금 전기차를 타고 있는데 그것도 그렇습니다.

전기차가 없는 사람들은 전기차가 안 좋은 온갖 이유와 핑계만 잔뜩 들고 있었습니다. 그들과 대화를 나눠 보면 부정적인 마음이 가득했습니다. 하지만 나는 전기차를 사모했고 하루라도 렌트해서 타보고 싶었습니다. 그러자 성령님께서 인도하셔서 진짜로 내가 원하는 디자인의 멋진 전기차를 사게 되었는데 타면 탈수록 너무 좋습니다.

책을 쓰는 것도 그렇습니다. 책을 써내니 그 책이 내 대신 전국과 세계를 다니며 복음을 전하고 상담하고 선교합니다. 내 평생 가장 잘한 것 중에 하나가 책을 써낸 것이며 말할 수 없이 행복하고 좋습니다. 당신도 책을 쓰세요.

나는 29세에 책을 쓰겠다고 볼펜으로 연습장에 긁적였는데, 몇 줄 쓰고 지우고 몇 장 쓰고 찢고를 반복하다가 도저히 안 되겠다 싶어 책 쓰기를 포기한 적이 있습니다.

그리고 몇 개월 후에 다시 용기를 내어 책 쓰기에 도전했는데 그때 백화점에 가서 100만 원짜리 컴퓨터를 할부로 구입한 다음 그걸로 한 달 동안 밤낮 자판을 두드리니까 250쪽짜리 두꺼운 책이 한 권 태어났습니다.

〈성령님과 친밀하게 교제하는 법〉이란 책이었습니다.

그 후로 또 2주간 자판을 두드리니까 〈김열방의 두뇌개발비법〉이란 책이 태어났습니다. 그 두 권의 책은 베스트셀러가 되었고 그 책을 읽은 독자들이 전국과 세계에서 나를 만나러 왔고 각종 집회의 강사로 나를 초청했습니다.

그때 만약 컴퓨터를 사용하지 않았다면 아마 평생 책을 쓰지 못했을 것입니다. 그 후로 나는 계속 책을 써내 지금까지 100권이 넘는 책을 출간했습니다. 그런데 한 가지 안타까운 것은 한글 프로그램에 있는 단축 기능을 제대로 몰라 20년 동안 힘들게 200~1000쪽이나 되는 두꺼운 책의 원고들을 한 글자씩 자판을 두드리며 힘들게 수정하고 편집했다는 것입니다. 그로 인해 목과 어깨는 뭉치고 손가락도 많이 아팠습니다. 아무리 좋은 프로그램이 있어도 내가 아는 만큼만 사용할 수 있다는 것을 깨달았습니다.

자동차를 구입했을 때도 그런 일이 생겼습니다.

나는 새 차에 시동을 걸고 성령님과 함께 매일 드라이브를 했습니다. 차를 이동 수단이 아닌 기도의 골방으로 만들고 그 안에서 집회를 오가는 동안 기도를 많이 했습니다. 그런데 문제는 자동차의 최신 기능들을 잘 몰랐다는 것입니다. 3년이 지났을 때 '이런 기능이 있었나?'라고 했고 또 7년이 지났을 때 '이런 기능도 있었네. 신기하다'라고 했습니다. 자동차 회사에서 100년 동안 연구해서 만든 기능들을 몰라서 제대로 사용하지 못했던 것입니다.

왜일까요? 연구하고 살피지 않아서입니다.

"연구하고 살피는 것은 자동차를 만드는 회사에서만 하는 것이 아닌가요?" 맞습니다. 하지만 자동차를 사서 모는 사람은 '사용 방법'에 대해 연구하고 살펴야 합니다.

성경에는 선지자들이 말씀을 연구하고 부지런히 살폈다고 했습니다. "이 구원에 대하여는 너희에게 임할 은혜를 예언하던 선지자들이 연구하고 부지런히 살펴서."(벧전 1:10) 그 후에 성령의 능력으로 전했다고 했습니다.

선지자들은 기도하고 주님의 음성을 듣고 전하면 그만 아닐까요? 그런데 그들이 말씀을 연구하고 부지런히 살폈다는 것입니다. 예수님도 동일한 말씀을 하셨습니다.

"너희가 성경에서 영생을 얻는 줄 생각하고 성경을 연구하거니와 이 성경이 곧 내게 대하여 증언하는 것이니라."(요 5:39) 그들이 성경을 연구했다고 했습니다.

"굳이 그렇게 연구할 필요 없어요. 하나님께 지혜와 계시를 받으면 한방에 다 끝나요. 저절로 다 알게 됩니다."

과연 그럴까요? 아닙니다. 하나님께 지혜를 받은 사람은 더 많이 연구하게 됩니다. 내가 그렇습니다.

나는 20세에 하나님께 지혜를 구하고 받았는데 그때부

터 수많은 책을 읽으며 말씀을 연구했고 또 지금도 변함없이 성경을 꾸준히 통독하고 묵상하고 암송하고 공부하고 연구하고 있습니다. 은혜와 은사를 받은 사람은 더욱 열정을 갖고 기도하고 하나님의 말씀을 연구합니다.

당신도 말씀과 신령한 것을 연구하기 바랍니다.

정교한 일을 연구하여 전문가가 되라

정교한 일을 연구하라

성경에 나오는 사람들은 무엇을 연구했을까요?

첫째, 정교한 일을 연구했습니다.

"내가 유다 지파 훌의 손자요 우리의 아들인 브살렐을 지명하여 부르고 하나님의 영으로 충만하게 하여 지혜와 총명과 지식과 여러 가지 재주로 '정교한 일을 연구하여' 금과 은과 놋으로 만들게 하며 보석을 깎아 물리며 여러 가지 기술로 나무를 새겨 만들게 하리라."(출 31:2~5)

하나님의 영으로 충만한 사람, 지혜와 총명과 지식이 가득한 사람, 여러 가지 재주가 넘치는 사람이 굳이 연구까지 할 필요가 있을까요? 하나님이 주신 능력으로 대충 일해도 되지 않을까요? 하지만 그들은 그렇게 임의대로 어떤 일을 대충한 것이 아니라 "그 모든 지혜와 총명, 지식과 재주로 정교한 일을 연구했다"고 했습니다. 그럴 때 그 일을 연구하도록 하나님의 영이 도우셨습니다.

둘째, 그들은 율법을 연구했습니다. "에스라가 여호와의 율법을 연구하여 준행하며 율례와 규례를 이스라엘에게 가르치기로 결심하였더라."(스 7:10) 여호와의 율법은 그냥 받아서 전하면 되는 것이 아닐까요? 그런데 에스라는 율법을 연구하여 준행하며 가르쳤다고 했습니다.

율법은 '하나님의 말씀'을 가리킵니다. 우리도 하나님의 말씀을 꾸준히 연구하여 준행하며 가르쳐야 합니다.

셋째, 연구한 바를 말하며 서로 나눠야 합니다.

"볼지어다. 우리가 연구한 바가 이와 같으니 너는 들어보라. 그러면 네가 알리라."(욥 5:27)

나와 아내는 각자 연구한 말씀을 산책하며 나눕니다.

혼자 연구하지 말고 여러 사람이 함께 연구해야 합니다. 혼자 연구하면 한쪽으로 치우치기 쉽습니다. "두세 증인의 입으로 말마다 확증하게 하라"(마 18:16)고 했습니다. 그러므로 다양한 책을 읽고 토론하며 연구해야 합니다. 그런 후에 마음에 확증된 것을 전해야 합니다.

"너는 배우고 확신하는 일에 거하라"고 했습니다.

배우고 연구하고 토론하고 그 후에 서서히 결론을 내려야 합니다. 조급하지 말아야 합니다. 초대교회는 어떤 중대한 문제에 대해 성령님과 의논한 다음 "성령과 우리는 이렇게 결정했다"(행 15:28)고 했습니다. 최종 결정권자는 성령님이십니다. '우리와 성령'이 아닙니다. '성령과 우리'입니다. 그리고 자기가 연구한 것을 내세우며 말하기만 좋아하지 말고 들어야 합니다. '듣는 귀'가 중요합니다.

"우리가 연구한 바가 이와 같으니, 너는 들어 보라. 그러면 네가 알리라"고 했습니다. 듣는 사람이 지혜로운 사람입니다. 솔로몬은 하나님께 지혜를 구할 때 "백성들의 송사를 듣는 마음을 달라"(왕상 3:11)고 했습니다. 당신은 '듣는 마음'이 있습니까? 이것이 지혜입니다. 어떤 일이든 처음부터 끝까지 충분히 듣지 않고 대답하면 안 됩니다.

모임에서도 농담하며 말을 쏟아 내는 사람은 지혜로운 사람이 아닙니다. 상대방에게 질문하면서 다섯 마디라도 듣는 사람이 지혜로운 사람입니다. 잠언 17장 28절에 "미련한 자라도 잠잠하면 지혜로운 자로 여겨지고 그의 입술을 닫으면 슬기로운 자로 여겨지느니라"고 했습니다.

넷째, 사람들이 행하는 모든 일을 연구해야 합니다.

"나 전도자는 예루살렘에서 이스라엘 왕이 되어 마음을 다하며 지혜를 써서 하늘 아래에서 행하는 모든 일을 연구하며 살핀즉 이는 괴로운 것이니 하나님이 인생들에게 주사 수고하게 하신 것이라."(전 1:12~13)

하나님께 전무후무한 지혜를 받은 다윗의 아들 솔로몬이 왕이 되어 무엇을 했습니까? 마음을 다하며 하나님이 주신 그 지혜를 써서 하늘 아래에서 행하는 모든 일을 연구하며 살폈다고 했습니다. 놀랍지 않습니까?

지혜를 받은 당신은 사람들이 왜 그런 말과 행동과 일을 하는지 연구하며 자세히 살펴야 합니다. 그랬던 솔로몬이 내린 결론은 무엇일까요? "모든 일은 괴로운 것이다. 하나님이 인생들에게 주사 수고하게 하신 것이다." 그러므로 일만 한다고 인생을 소진하지 말고 누려야 합니다.

다섯째, 악하고 어리석은 것이 무엇인지도 연구해야 합니다. "내가 돌이켜 전심으로 지혜와 명철을 살피고 연구하여 악한 것이 얼마나 어리석은 것이요 어리석은 것이 얼마나 미친 것인 줄을 알고자 하였더니, 마음은 올무와 그물 같고 손은 포승 같은 여인은 사망보다 더 쓰다는 사실을 내가 알아내었도다. 그러므로 하나님을 기쁘게 하는 자는 그 여인을 피하려니와 죄인은 그 여인에게 붙잡히리로

다. 전도자가 이르되 보라 내가 낱낱이 살펴 그 이치를 연구하여 이것을 깨달았노라. 내 마음이 계속 찾아보았으나 아직도 찾지 못한 것이 이것이라. 천 사람 가운데서 한 사람을 내가 찾았으나 이 모든 사람들 중에서 여자는 한 사람도 찾지 못하였느니라. 내가 깨달은 것은 오직 이것이라. 곧 하나님은 사람을 정직하게 지으셨으나 사람이 많은 꾀들을 낸 것이니라."(전 7:25~29)

왜 악하고 어리석은 것을 연구해야 할까요? 그것에 붙잡히지 않기 위해서입니다. 그렇다고 육신의 호기심을 따라 세상에 널려 있는 지식과 정보를 살피며 연구하면 위험합니다. 육신은 그런 것을 보면 쉽게 빠지고 중독되기 때문입니다. 오직 하나님의 말씀을 통해서만 악하고 어리석은 것을 연구해야 합니다. 어떤 사람들은 말합니다.

"도둑질하고 죽이고 멸망시키는 온갖 죄악들, 가족끼리 성관계를 맺는 근친상간, 동물과 성교하는 수간, 동성끼리 연애하고 결혼하는 동성애 등은 어떻게 연구하나요? 세상에 있는 책들과 영상, 잡지와 만화 등을 보며 연구해야 하지 않나요?" 그럴 필요 없습니다. 그런 것을 다 알아야 하는 것이 아니며, 이미 성경에 다 나와 있습니다.

전도서 6장 10절에 "이미 있는 것은 무엇이든지 오래 전부터 그의 이름이 이미 불린 바 되었으며 사람이 무엇인지도 이미 안 바 되었나니"라고 했습니다. 그렇습니다.

소돔과 고모라 시대에 벌써 그런 죄들이 만연했고 율법 책에도 그런 죄를 낱낱이 기록하며 "돌로 쳐 죽이라"고 했습니다. 천 사람을 만난다고 인생을 아는 것이 아닙니다.

여호와를 경외하는 사람 한 명을 만나는 것이 '만남의 축복'입니다. 나는 그동안 만남의 축복을 많이 받았습니다. 그래서 잠들고 일어날 때마다 하나님께 감사의 기도를 드립니다. "주님, 신복 곧 성령님과의 만남이라는 최고의 복을 주셔서 감사합니다. 그리고 저에게 인복 곧 믿음의 사람들을 많이 만나게 해주셔서 감사합니다. 저는 신복과 인복이 넘치는 사람입니다. 주님을 찬양합니다."

당신은 어떤 인복을 받았습니까? 나는 내 노력으로 쌓은 '인맥'이 아닌 하나님이 주신 '인복'을 따라 삽니다. 그래서 사람에게 매이지 않고 자유롭고 행복합니다. 수천수만 명의 인맥이 있어도 그들이 나와 무슨 상관있습니까?

잠언 18장 24절에 "많은 친구를 얻은 자는 해를 당하게 되거니와 어떤 친구는 형제보다 친밀하니라"고 했습니다.

나도 예전에 수천수만 명의 인맥을 쌓아야 성공하는 줄 알고 많은 사람과 관계를 맺었는데 그럴수록 내 마음은 더욱 피폐해졌습니다. 내가 그들에게 마음을 두자 주님은 질투하시며 "그들이 네게 무슨 상관이냐? 너는 나를 따르라"(요 21:22)고 하셨습니다. 그래서 지금은 만남을 최소화하고 혼자 8시~5시까지 '종일 기도'하며 성경을 읽고 깨달음은 얻은 것을 책으로 써냅니다. 6시에는 아내와 산책하며 대화합니다. 나의 가장 좋은 친구는 최고이신 성령님과 사랑스럽고 예쁜 나의 아내와 네 명의 자녀입니다.

아브라함, 이삭, 야곱, 요셉에게 친구가 많았을까요?

아닙니다. 그들은 하나님을 벗으로 사귀었습니다. 다윗은 친구가 요나단 한 명뿐이었습니다. 솔로몬은 천 명의 여인 중에서도 한 명을 만나지 못했다고 했습니다. 그가 평생 사랑했던 사람은 술람미 여인 한 명뿐이었습니다.

솔로몬은 아무리 많은 부와 재산과 명예를 가져도 그것을 제대로 누리지 못하면 다 소용없다고 했습니다.

"나는 세상에서 또 한 가지 잘못되고 억울한 일을 본다. 그것은 참으로 견디기 어려운 것이다. 하나님이 어떤 사람에게는 부와 재산과 명예를 원하는 대로 다 주시면서도 그것들을 그 사람이 즐기지 못하게 하시고 엉뚱한 사람이 즐기게 하시니 참으로 어처구니가 없는 일이요 통탄할 일이다. 사람이 자녀를 백 명이나 낳고 오랫동안 살았다고 하자. 그가 아무리 오래 살았다고 하더라도 그 재산으로 즐거움을 누리지도 못하고 죽은 다음에 제대로 묻히지도 못한다면 차라리 태어날 때에 죽어서 나온 아이가 그 사람보다 더 낫다. 태어날 때에 죽어서 나온 아이는 뜻 없이 왔다가 어둠 속으로 사라지며 그 속에서 영영 잊힌다. 세상을 보지도 못하고 인생이 무엇인지 알지도 못한다. 그러나 이 아이는 그 사람보다 더 편하게 안식을 누리지 않는가. 비록 사람이 천 년씩 두 번을 산다고 해도 자기 재산으로 즐거움을 누리지도 못하면 별 수 없다. 마침내는 둘 다 같은 곳으로 가지 않는가."(전 6:1~6)

그러므로 인생을 너무 복잡하게 살지 말고 하나님께 받은 복을 누리며 행복하게 살기 바랍니다.

나는 하나님께 기도하고 구한 것을 받았습니다. 그리고 그것을 누리며 행복하게 삽니다. 나의 모든 즐거움은 오직 성령님께 있습니다. "주의 앞에는 충만한 기쁨이 있고 주의 오른쪽에는 영원한 즐거움이 있나이다."(시 16:11)

성령님은 최고 중에 최고이십니다.

성령님보다 큰 복은 없습니다.

예수 이름의 권세로 축복 기도를 하라

성경은 최고의 사용 설명서다

자동차 인터넷 카페에는 수만 명이 가입해 있습니다.

그들 중에 많은 사람들이 차의 기본적인 기능을 몰라 나이와 상관없이 이렇게 말하며 비슷한 질문을 합니다.

"고수님들, 이건 어떻게 해야 하나요?"

그러면 몇 사람이 댓글로 꼼꼼하게 설명해 줍니다.

하지만 그 질문한 내용의 대부분이 이미 〈사용 설명서〉에 자세하게 나오는 것입니다. 왜 이런 일이 생기는 걸까요? 한마디로 책 읽는 것이 귀찮다는 것이죠. 게을러서 그렇습니다. 하나님의 자녀들도 똑같은 말을 합니다.

"목사님, 이건 어떻게 해야 하나요? 제 믿음이 흔들려요. 제 몸과 결혼 생활에 문제가 생겼어요. 돈 문제는 끝도 없어요. 도대체 어떻게 기도해야 하나요? 시와 찬미와 신령한 노래, 그리고 방언과 여러 은사들은 뭔가요?"

그러면서 하나님이 주신 〈사용 설명서〉인 성경책을 읽고 연구하며 살피지는 않습니다. 나는 새 차를 산 후에 두꺼운 〈사용 설명서〉를 손에 들고 생각했습니다.

'이 설명서를 다 읽어야 하나? 그것도 자세히 읽어야 하나? 나는 이미 다른 차를 운전한 경력이 10년이 넘는데, 차들이 다 비슷해. 기본적인 기능만 사용해도 충분해.'

그리고 대충 읽고 던져두었는데 나중에 알고 보니 차를 구입한 지 10년 동안 몰라서 사용하지 못한 정말 좋은 기능이 꽤 많았습니다. 당신도 지금 그렇지 않습니까?

성경에서 가장 중요한 것은 '예수 이름'입니다.

예수 이름을 사용하는 것에 대해 사람들이 몰라서 못 쓰는 경우가 많습니다. 예수 이름의 권세를 알고 안수하면 성령이 임합니다. 귀신이 쫓겨 나갑니다. 병든 사람이 낫습니다. 필요한 재정이 쉽게 들어옵니다. 수십 년간 고생하던 고질적인 문제가 하루 만에 해결됩니다.

방언도 그렇습니다. 방언을 받아 놓고 그 방언이 얼마나 귀하고 가치 있는지 몰라서 안 쓰는 사람이 많습니다. 나는 방언을 받은 후에 내가 받은 방언이 무엇이고 어떤 유익이 있는지 계속 공부했습니다. 아무리 좋은 것을 받아도 기능을 모르면 제대로 사용할 수 없기 때문입니다.

학교 공부는 100점이면서 신령한 공부는 30점인 사람이 많습니다. 바울은 말했습니다. "형제들아, 신령한 것에 대하여 나는 너희가 알지 못하기를 원하지 아니하노니." (고전 12:1) 신령한 것은 학교 공부보다 더 중요합니다.

방언을 비롯한 모든 은사에 대해 공부해야 합니다.

성경은 방언에 대해 무엇이라고 설명하고 있을까요?

바울이 말한 고린도전서 14장에 보면 자세히 나옵니다.

한 구절씩 연구하고 살피면 큰 깨달음을 얻습니다.

다음 장에서 공부하겠습니다.

주님을 뜨겁게 사랑하는 사람이 되라

주님과의 뜨거운 사랑을 추구하라

당신은 예수님을 사랑하십니까?

고린도전서 14장 1절에 가장 먼저 사랑을 말합니다.

"사랑을 추구하며."(고전 14:1)

이것은 단순히 '이웃 사랑'을 말하는 것이 아닙니다.

이웃 사랑에 대한 이야기를 하려면 그 다음 구절이 '구제와 선행'에 대한 내용으로 이어져야 합니다. 그런데 '방언'으로 이어집니다. 이것은 주님과 영으로 교통하며 그분을 사랑하라는 말씀입니다. 이 말씀은 "주님을 뜨겁게 사랑하기를 추구하라"는 것입니다. 고린도전서 13장과 14장은 모두 '주님과의 뜨거운 사랑'을 말하고 있습니다.

당신은 예수님을 뜨겁게 사랑합니까? 그분에게 푹 빠져 살고 있습니까? 나는 날마다 그렇게 살고 있습니다.

내 인생에 있어 예수 그리스도는 가장 크고 존귀한 분이시며, 나는 자나 깨나 그분께 푹 빠져 살고 있습니다.

그래서 말할 수 없이 행복합니다.

그렇게 되도록 돕는 것이 방언 기도입니다.

내가 바울처럼 방언을 많이 하면 할수록 주님을 뜨겁게 사랑하는 마음이 더욱 펄펄 끓어오르는 것을 느꼈습니다.

이것은 방언 기도를 많이 하는 사람들이 공통적으로 느끼는 감정입니다. 당신도 방언을 많이 말하기 바랍니다.

방언은 성령님의 나타나심입니다.

신령한 것을 사모하라

"신령한 것을 사모하라."(고전 14:1)

주님을 더욱 사랑하기 위해 신령한 은사를 열심히 구하라는 말입니다. 나도 확신하건대 내 힘으로는 결코 주님을 사랑할 수 없습니다. 그런 내게 성령이 임하자 성령님의 나타나심이 있게 되었습니다. 성령님의 나타나심은 '은사'를 말합니다. 은사가 내 인생을 완전히 바꾸었습니다.

은사는 성령님의 나타나심이며 억만금을 주고도 살 수 없는 정말 귀하고 소중한 것입니다. 은사 곧 성령님의 나타나심이 없으면 모두 육신의 힘으로 해야 합니다.

은사 곧 성령님의 나타나심을 통해 내가 주님을 더욱 사랑하는 것이 쉽고 가벼워졌습니다. 신앙생활은 처음부터 끝까지 모두 내 힘이 아닌 성령님의 힘으로 하는 것입니다. 인간은 자유의지로 어떤 것을 하겠다고 뜻을 정하게 되는데, 모든 일에 전적으로 성령님을 의지해야 합니다.

인간의 힘으로 주님을 사랑하려고 애썼던 베드로를 보십시오. "주는 그리스도시요 살아 계신 하나님의 아들이다. 다른 사람은 다 주를 버릴지라도 나는 주님을 따르겠다. 죽기까지라도 따르겠다. 주님을 사랑한다"고 고백했던 베드로가 예수님을 세 번이나 부인하고 저주하며 도망갔습니다. 그런 그가 성령님이 오시자 달라졌습니다.

감옥에 갇혀 내일 목이 잘려 죽게 되었는데도 조금도 두려워하지 않고 코를 골며 깊은 잠에 빠졌고 천사가 옆구리를 쳐서 깨워야 할 정도가 되었습니다. 주님을 사랑하는 사람은 그 무엇도 두려워하지 않게 됩니다. 성령을 통해 주님을 사랑하는 마음이 생기면 불 같은 시련도 거뜬히 이기고 어떤 박해나 죽음도 두려워하지 않게 됩니다.

나도 주님을 사랑하는 마음으로 지금까지 달려왔습니다. 내가 그렇게 주님을 사랑하게 된 것은 내 힘과 지혜와 열정이 남달라서가 아닙니다. 오직 성령님의 나타나심과 능력 때문이었고 그것은 기도를 통해 가능했습니다.

당신도 주님을 더 많이 알고 사랑하기 위해 신령한 것을 사모하십시오. 여기서 "사모하라"는 말은 '열심히 구하라'는 의미입니다. 바울은 우리 모두에게 "신령한 은사를 열심히 구하라"고 권면합니다. 당신은 이 말씀에 순종하여 하나님께 신령한 은사를 열심히 구하고 있습니까?

'그런 것이 뭐 필요해. 내 힘과 지혜로 모든 것을 할 수 있어. 박사 학위가 몇 개나 있는데, 굳이 신령한 은사가 뭐 필요해?'라고 생각하지 않습니까? 교만입니다.

하나님은 교만한 자를 대적하시고 겸손한 자에게 은혜를 주십니다. 베드로는 말했습니다. "젊은 자들아, 이와 같이 장로들에게 순종하고 다 서로 겸손으로 허리를 동이라. 하나님은 교만한 자를 대적하시되 겸손한 자들에게는 은혜를 주시느니라."(벧전 5:5) 그렇습니다. 우리는 교만한 마음을 버리고 겸손한 마음으로 사모해야 합니다.

하나님이 주시는 신령한 은사는 얼마나 높은 가치가 있

을까요? 아파트 100채와 빌딩 100채, 박사 학위 100개보다 낫습니다. 그것도 조금 나은 것이 아니라 억만 배나 낫습니다. 나는 그 무엇과도 이것을 바꾸지 않을 것입니다.

박사 학위 100개를 받았는데 지혜의 말씀의 은사가 없다면 설교할 때마다 남의 설교와 논문, 책을 쌓아 두고 짜깁기해야 할 것입니다. 이 얼마나 비참한 노릇입니까?

방언과 예언도 그렇습니다. 방언과 예언을 하찮게 여기는 사람이 많은데, 그러지 말아야 합니다. 방언을 받지 않으면 하나님께 영으로 기도할 수 없고 마음으로만 기도해야 합니다. 5분, 10분 기도하면 기도할 내용이 없어 한 말을 반복해야 하고 종이에 쓴 기도문을 읽어야 합니다.

내가 방언으로 기도하면 내 배에서 흘러 나는 생수의 강을 따라 흐름을 타며 몇 시간이고 행복한 마음으로 기도하게 됩니다. 내 영이 혀를 통해 덩실덩실 춤추며 기도합니다. 그러면서 하나님의 임재를 강하게 느끼게 됩니다.

방언 기도를 오래 하면 전류가 흐르는 것처럼 내 몸과 마음에 성령님의 기름 부으심이 실제로 흐르고 이내 뜨거운 눈물이 터져 나와 내 뺨을 타고 흘러내립니다. "주님, 사랑합니다. 감사합니다"라는 고백이 저절로 입에서 나옵니다. 이런 귀한 방언을 무엇과 바꿀 수 있겠습니까?

나는 이 방언을 123층 롯데월드타워나 강남 아파트와

바꿀 수 없고 벤츠나 롤렉스시계와도 바꿀 수 없습니다.

수천억의 돈이나 대학교 총장이나 대통령 자리를 준다 해도 이 귀한 방언과 바꾸지 않을 것입니다. 사람들은 그런 것을 받고 큰 복을 받았다고 하겠지만 나는 그 모든 복보다 방언을 받은 것이 더 큰 복이라고 생각합니다.

"방언의 가치가 그렇게 큰가요?"

그렇습니다. 나는 영의 기도인 방언을 통해 영이신 성령님과 풍성한 교통이 가능하기 때문에 그 이상의 가치가 있다고 봅니다. 내가 방언으로 기도할 때 기도는 노동이 아닌 연애가 됩니다. 나는 성령님을 많이 사랑합니다. 당신도 성령님을 지금보다 더 많이 사랑하기 바랍니다.

방언은 내 영으로 축복하며 기도하는 것입니다.

서울에서 부산까지 갈 때 자전거로 땀을 뻘뻘 흘리며 가는 것보다 비행기를 타고 편하게 가는 것이 훨씬 나은 것처럼 기도하는 방식에도 여러 가지 차원이 있습니다.

자전거를 타는 것이 나쁘다는 말이 아닙니다. 동네에서는 필요에 따라 자전거를 타거나 걸어 다니는 것이 좋습니다. 나는 달리는 것도 좋아합니다. 하지만 먼 거리나 해외에 여행할 때는 고민하지 않고 비행기를 탑니다.

기도도 이와 같습니다. 몸으로 하는 기도, 마음으로 하는 기도, 영으로 하는 기도가 있습니다. 마음으로 일만 마디 기도하는 것도 좋지만 영으로 다섯 마디 기도하는 것이 더 좋을 수도 있습니다. 그런데 하나님은 영으로 일만 마디 기도하라고 방언을 주셨습니다. 얼마나 좋습니까?

나는 영의 기도인 방언으로 기도하기를 좋아합니다.

하나님은 영이시고 천사도 영이고 마귀와 귀신들도 영입니다. 천국은 미국이나 브라질보다 멀기 때문에 나는 비행기나 우주선 같은 역할을 하는 '영의 기도'를 합니다.

다른 사람에게 안수나 중보를 통해 축복 기도할 때도 그 사람의 이름을 부른 후에 영으로 축복 기도를 합니다.

그러면 많은 경우 내가 축복 기도한 것에 대해 즉시 응답이 옵니다. 그들에게 성령이 임하고 방언을 말하게 됩니다. 귀신이 쫓겨나고 병이 낫고 저주가 떠나갑니다.

그래서 내가 축복할 때마다 많은 기적이 일어나는 것입니다. 당신도 방언으로 축복 기도를 많이 하기 바랍니다.

예언도 그렇습니다. 정말 귀합니다. 왜일까요? 예언이 없으면 인간적인 위로와 상담의 말로 사람들을 도와야 하기 때문입니다. 아직 방언과 예언을 받지 않았다면 "열심히 구하라"는 성경 말씀대로 열심히 구하기 바랍니다.

방언과 예언을 뜨겁게 사모하고 구하십시오.

특별히 예언을 하려고 하라

"특별히 예언을 하려고 하라."(고전 14:1)

이 말씀은 "방언은 모든 사람이 하는 것이다. 그 중에서 특별히 예언하기를 열망하라"는 말입니다.

"열망하라"고 했습니다. 당신은 예언하기를 열망합니까? 이것은 내 말이 아닌 성경 말씀이며 성경은 곧 하나님의 말씀입니다. 하나님의 말씀을 통해 사도 바울이 권하는 것을 가볍게 여기지 말고 신중하게 받아들여야 합니다.

"특히"는 '보통과 다르게'라는 의미입니다. 방언은 보통다 하는 것이며, 예언은 보통과 다르게 하는 것입니다.

왜 그럴까요? 방언은 하나님께 기도하는 것이므로 모든 사람이 하는 것이 좋고 예언은 사람들에게 권면하는 것이므로 그 중에 몇 사람이 특별히 하면 좋기 때문입니다.

바울은 이러한 예언의 은사에 대해 "이것은 특별한 사람에게만 주는 은사다. 너와는 상관없으니 관심 갖지 마라"고 하지 않고 "예언하기를 열망하라"고 했습니다.

"예언 받기를 열망하라"고 하지 않았습니다.

사람들이 '어디 예언 잘하는데 없나?'라며 자꾸 기웃거립니다. 그런 사람이 있다는 말을 들으면 몇 시간이고 달려가서 한두 마디 예언을 받으려고 합니다. 그것도 잘하는 것입니다. 하나님은 예언을 통해 그를 위로하십니다.

그러나 그 정도에서 멈추면 안 됩니다.

성경은 분명히 "예언을 하려고 하라"고 했습니다.

예언을 하려고 하십시오. 하나님은 어떤 것이든 열망하는 자에게 주십니다. 열망하지 않는 자에게는 주지 않습니다. 그런 사람에게 주면 원망하고 불평하기 때문입니다.

예수님은 이 땅에 계실 때 누구를 치유하셨습니까?

간절히 열망하고 사모하는 자입니다. 사모하지 않고 배척하는 자에게 치유의 샘물이 넘치고 남는다며 마구 퍼 주지 않으셨습니다. 예수님은 자신을 메시아로 믿지 않는 고향 사람들에 대해 탄식하며 이렇게 책망하셨습니다.

"또 이르시되 내가 진실로 너희에게 이르노니 선지자가 고향에서는 환영을 받는 자가 없느니라. 내가 참으로 너희에게 이르노니 엘리야 시대에 하늘이 삼 년 육 개월간 닫히어 온 땅에 큰 흉년이 들었을 때에 이스라엘에 많은 과부가 있었으되 엘리야가 그 중 한 사람에게도 보내심을 받지 않고 오직 시돈 땅에 있는 사렙다의 한 과부에게 뿐이었으며 또 선지자 엘리사 때에 이스라엘에 많은 나병환자가 있었으되 그 중의 한 사람도 깨끗함을 얻지 못하고 오직 수리아 사람 나아만뿐이었느니라. 회당에 있는 자들이 이것을 듣고 다 크게 화가 나서 일어나 동네 밖으로 쫓아내어 그 동네가 건설된 산 낭떠러지까지 끌고 가서 밀쳐 떨어뜨리고자 하되 예수께서 그들 가운데로 지나서 가시니라."(눅 4:24~30) 우리도 그들보다 낫지 않습니다.

예수님이 성령님의 나타나심을 통해 일하실 때 회당에 있는 자들이 다 크게 화를 내며 예수님을 동네 밖으로 쫓아내 낭떠러지까지 끌고 가서 밀쳐 떨어뜨려 죽이려고 했던 것처럼 오늘날도 성령님의 나타나심과 능력에 대해 이렇게 부정적으로 반응하며 배척하는 사람이 있습니다.

'다른 사람은 몰라도 나는 그런 적이 없어.'

다른 사람의 눈에 있는 티를 보지 말고 당신의 눈에 있는 들보를 깨달아야 합니다. 예수님이 제자들에게 말씀하셨습니다. "어찌하여 형제의 눈 속에 있는 티는 보고 네 눈 속에 있는 들보는 깨닫지 못하느냐."(눅 6:41)

우리는 자신을 돌아보며 회개해야 합니다.

성령님의 나타나심을 존중하라

성령님의 나타나심을 존중하라

당신은 성령의 은사가 뭐라고 생각합니까?

은사는 단순히 어떤 사람이 받아서 마음대로 쓰는 도구가 아니라 '성령님의 나타나심'입니다. 그러므로 은사를 존중해야 합니다. 그것이 성령님을 존중하는 것입니다.

성령님은 존중하지만 은사는 못 받아들이겠다고요?

자동차나 집에 문제가 생겨 기술자를 부를 때 이렇게 말하는 것과 같습니다. "당신은 좋아하지만 당신의 재능은

원치 않아요. 당신의 모든 재능과 장비를 두고 오세요."

그럴 수는 없습니다. 나무만 좋아하거나 열매만 좋아할 수는 없습니다. 나무와 열매를 함께 좋아해야 합니다.

"나는 당신의 얼굴만 좋아합니다. 팔다리는 싫어요."

사랑은 그런 이기적인 것이 아닙니다. 사랑에 빠지면 상대방의 모든 것을 좋아하게 됩니다. 그렇지 않나요?

우리 집에는 강아지가 네 마리 있습니다. 네 명의 아이들이 키우는 것인데 처음 강아지가 한 마리 왔을 때 나와 아내는 무척 힘들어 했습니다. 아이들이 어릴 때 고슴도치, 장수풍뎅이, 해수어 등을 키울 때는 자기 방 한쪽 구석에서 상자 안에 두고 키우니까 괜찮았는데 셋째 아이가 강아지라는 동물을 집 안에서 키우고 싶다며 입양한 것입니다. 우리는 생소하고 두려워서 차가운 눈빛으로 그 강아지를 대했습니다. 그러자 아이가 매우 기분 나빠했습니다.

그 아이는 자신을 대하는 것과 동일하게 생각하는 것 같았습니다. 지금은 우리 부부도 강아지를 많이 좋아하고 예뻐합니다. 그래도 막내 아이의 대형견은 아내가 무서워하기 때문에 애견 센터에 두고 1년에 한두 번만 데리고 오라고 합니다. 아이들이 결혼해서 분가하면 괜찮습니다.

사람이 자신이 키우는 강아지나 고양이, 그리고 자신이 구입한 옷이나 차에 대해 남이 어떻게 대하느냐에 따라 기분이 상하기도 하고 좋아지기도 합니다. 그 사람의 물건을 존중하는 것은 그 사람을 존중하는 것입니다.

만약 어떤 사람이 내 이름이 적인 책이나 물건을 함부로 대하면 나에게 그렇게 한 것처럼 내 기분이 나쁠 것입니다. 내 차나 집에 대해서도 마찬가지입니다. 내가 한 말이나 행동을 두고 함부로 비판해도 기분이 안 좋습니다.

주님의 마음도 이와 같습니다. 주의 종과 그리스도의 몸 된 교회를 함부로 비판하면 기분 나빠 하십니다.

주의 종들을 비판하지 말라

당신은 주의 종들을 비판하지 않습니까?

나는 어떤 경우에도 주의 종들을 비판하지 않습니다.

집이나 교회, 직장이나 길에서 절대로 주의 종들에 대해 비판하는 말을 하지 않도록 주의하십시오. 만약 다른 사람이 신문이나 텔레비전을 보고 비판하는 말을 해도 거기에 한 마디도 반응하지 말고 오직 기도만 하십시오.

내가 대전의 한 교회에 말씀을 전하러 간 적이 있는데 그때 장로님 한 분이 다른 교회 목사님에 대해 비판하는 말을 늘어놓았습니다. 그분은 자신이 대단한 인물이라고 높이면서 대형 교회 목사님들을 낮춰 비난했습니다.

그 순간 내 안에 계신 성령님이 크게 분노하시는 것을 느꼈고 나는 그분에게 나중에 전화해서 말했습니다.

"왜 그렇게 다른 목사님에 대해 비난하세요? 그분들은 당신의 종이 아닌 하나님의 종입니다. 그분들이 당신이 생각하는 기준과 달라도 그렇게 비난하면 안 됩니다."

그분이 놀라며 대답했습니다.

"제 말을 듣고 기분이 많이 상하셨나 봐요?"

"네, 그렇습니다. 오늘부터 그러지 말았으면 좋겠습니다. 저도 예전에 그런 적이 있었는데 회개했고 지금은 안 그럽니다. 주의 종을 비판하는 개인이나 가족, 단체가 잘되는 것을 저는 한 번도 보지 못했습니다."

"알겠습니다. 조심하겠습니다."

하나님은 자신의 종에 대해 어느 누구도 함부로 말하지 말라고 경고하셨습니다. "남의 하인을 비판하는 너는 누구냐? 그가 서 있는 것이나 넘어지는 것이 자기 주인에게 있으매 그가 세움을 받으리니 이는 그를 세우시는 권능이 주께 있음이라."(롬 14:4) 주의 종을 비판하지 마십시오.

하나님은 "너는 누구냐? 네가 누군데 감히 내 하인을 비판하느냐?"라고 하십니다. 당신은 집에서나 교회에서 주의 종을 비판하지 않습니까? 주의 종은 당신의 하인이 아닙니다. 하나님의 하인입니다. 하나님의 하인을 비판하는 것은 하나님을 비판하는 것과 같습니다. 만일 그랬다면 가슴을 치며 눈물로 회개하고 다시는 그러지 마십시오.

"그 주의 종이 뭔가를 잘못했는데요?"

그래도 가만 두십시오. 그들의 주인이신 하나님이 다 알아서 하실 것입니다. 당신은 하나님의 하인에 대한 심판자가 아닙니다. 하나님의 영역에 침범하지 마십시오.

"그래도 누군가는 간섭해야 하지 않나요?"

헤롯왕이 죄를 지을 때 누가 간섭했습니까? 사람이 아닙니다. "헤롯이 영광을 하나님께로 돌리지 아니하므로 주의 사자가 곧 치니 벌레에게 먹혀 죽으니라."(행 12:23)

"그 사람은 세상 왕이잖아요?"

성경은 '바로 왕과 모세'에 대해 이야기하면서 둘 다 하나님이 택하신 그릇이라고 했습니다. 한 사람은 천한 그릇이고 한 사람은 귀한 그릇이었습니다. 주인은 하나님이십니다. "큰 집에는 금 그릇과 은그릇뿐 아니라 나무 그릇과 질그릇도 있어 귀하게 쓰는 것도 있고 천하게 쓰는 것도 있나니 그러므로 누구든지 이런 것에서 자기를 깨끗하게 하면 귀히 쓰는 그릇이 되어 거룩하고 주인의 쓰심에 합당하며 모든 선한 일에 준비함이 되리라."(딤후 2:20~21)

주의 종은 '하나님의 그릇'입니다. 주의 종이 죄를 지으면 주인이신 하나님이 주의 천사를 통해 직접 치실 것입니다. 하나라도 당신이 나서서 간여할 일이 아닙니다.

겸손한 자리에 있어야 합니다. "어리석고 무식한 변론을 버리라. 이에서 다툼이 나는 줄 앎이라."(딤후 2:23)

마귀와 육신은 남의 죄를 간섭하게 만듭니다.

"그 사람의 죄가 자꾸 떠올라 미치겠어요."

주님께서는 "네게 무슨 상관이냐?"라고 말씀하십니다.

"예수께서 이르시되 내가 올 때까지 그를 머물게 하고자 할지라도 네게 무슨 상관이냐 너는 나를 따르라 하시더라."(요 21:22) 상관하지 말고 주님께 양도하십시오.

바울은 디모데에게 남의 죄에 간섭하지 말고 자신을 지켜 정결케 하라고 했습니다. "다른 사람의 죄에 간섭하지 말며 네 자신을 지켜 정결하게 하라."(딤전 5:22)

성령님의 기분을 상하게 하지 마라

교회 안에서 다른 사람이 주의 종에 대해 뭐라 하든지 상관 말고 당신은 오직 성령님만 바라보며 따라가십시오.

나는 오직 성령님만 바싹 따라갑니다. 그리고 내 삶과 사역에 성령님의 나타나심이 수천수만 배로 증가되기를 사모하며 간구합니다. 당신도 그렇게 하기 바랍니다.

성령의 은사는 '성령님의 나타나심'입니다.

성령님이 구원받은 사람을 통해 자신을 나타내시는 것이 은사입니다. 그것을 함부로 비판하지 말아야 합니다.

성령님은 은사를 비판할 때 아주 기분 나빠 하십니다.

바울이 은사에 대해 고린도전서 14장 1~40절까지 길게 한 장을 썼지만 은사를 비판하거나 가치를 떨어뜨리는 식의 표현은 단 한 마디도 없습니다. 그는 성령님과 성령님의 나타나심인 은사를 존중하는 말만 했습니다.

성령님은 인격자이시므로 그분 자신이나 그분의 말과 생각, 그분의 능력인 은사에 대해 조금이라도 안 좋게 표현하면 기분 나빠하시며 쉽게 기분이 상하십니다. "그들이 반역하여 주의 성령을 근심하게 하였으므로 그가 돌이켜 그들의 대적이 되사 친히 그들을 치셨더니."(사 63:10)

신약에도 이런 일이 몇 군데 나옵니다. 베드로 앞에서 성령을 속인 아나니아와 삽비라 부부, 안수함으로 성령을 받는 은사를 돈 주고 사려고 했던 유명한 마법사 시몬, 그리고 전도하는 것을 방해한 마술사 엘루마 등입니다.

"이 마술사 엘루마는 이 이름을 번역하면 마술사라. 그들을 대적하여 총독으로 믿지 못하게 힘쓰니 바울이라고 하는 사울이 성령이 충만하여 그를 주목하고 이르되 '모든 거짓과 악행이 가득한 자요 마귀의 자식이요 모든 의의 원수여, 주의 바른 길을 굽게 하기를 그치지 아니하겠느냐? 보라, 이제 주의 손이 네 위에 있으니 네가 맹인이 되어 얼마 동안 해를 보지 못하리라' 하니 즉시 안개와 어둠이 그를 덮어 인도할 사람을 두루 구하는지라."(행 13:8~11)

성령님과 은사를 존중하는 말을 하라

예수님은 성령님을 존중하라고 하셨습니다.

"내가 너희에게 이르노니 사람에 대한 모든 죄와 모독은 사하심을 얻되 성령을 모독하는 것은 사하심을 얻지 못하겠고 또 누구든지 말로 인자를 거역하면 사하심을 얻되 누구든지 말로 성령을 거역하면 이 세상과 오는 세상에서도 사하심을 얻지 못하리라. 나무도 좋고 열매도 좋다 하든지 나무도 좋지 않고 열매도 좋지 않다 하든지 하라. 그 열매로 나무를 아느니라. 독사의 자식들아, 너희는 악하니 어떻게 선한 말을 할 수 있느냐? 이는 마음에 가득한 것을 입으로 말함이라. 선한 사람은 그 쌓은 선에서 선한 것을 내고 악한 사람은 그 쌓은 악에서 악한 것을 내느니라. 내가 너희에게 이르노니 사람이 무슨 무익한 말을 하든지 심판 날에 이에 대하여 심문을 받으리니 네 말로 의롭다 함을 받고 네 말로 정죄함을 받으리라."(마 12:31~37)

여기서 우리는 어떤 말을 해야 하는지 깨닫게 됩니다.

첫째, 성령을 모독하는 말을 하지 말아야 합니다.

"그러므로 내가 너희에게 이르노니 사람에 대한 모든 죄와 모독은 사하심을 얻되 성령을 모독하는 것은 사하심을 얻지 못하겠고 또 누구든지 말로 인자를 거역하면 사하심을 얻되 누구든지 말로 성령을 거역하면 이 세상과 오는 세상에서도 사하심을 얻지 못하리라."(마 12:31~32)

모독(冒瀆)은 '말이나 행동으로 더럽혀 욕되게 하는 것'을 말합니다. 말이나 행동으로 성령님과 그분의 은사를 더럽혀 욕되게 하지 말아야 합니다. 거역(拒逆)은 '높은 분의 뜻이나 지시를 따르지 않고 거스르는 것'을 의미합니다.

성령님은 하나님이십니다. 그러므로 인격적으로 존중해야 합니다. 또한 성령의 은사 곧 '성령님의 나타나심'(고전 2:4)을 귀하게 여기고 존중해야 합니다. 성령의 은사는 단순한 도구나 능력이 아닌 성령님의 나타나심입니다.

바울은 "각 사람에게 성령을 나타내심은 유익하게 하려 하심이라"(고전 12:7)고 했습니다. 하나님이 왜 성령님을 교회에 나타내실까요? 교회의 유익을 위해서입니다.

"하나님이 성령님을 나타내시는 것이 내게는 유익하지 않아. 우리 교회에는 안 나타내셨으면 좋겠어"라고 하는 사람은 자기 기준 곧 육신의 생각 때문입니다. 자기가 교회의 주인이 되어 모든 것을 통제해야 하는데 자기 기준을 넘어서는 하나님의 역사가 나타나면 불편한 것입니다.

나도 그런 적이 있었는데 회개했습니다. 그리고 이렇게 기도합니다. "성령님, 마음대로 임재하시고 운행하소서. 성령님이 원하시는 대로 기름 부으시고 역사하소서."

그분은 '주의 영'이지 '종의 영'이 아닙니다. 우리가 마음대로 부릴 수 있는 분이 아닙니다. 그리고 우리는 주인이 아니며 종입니다. 종은 주인을 섬겨야 합니다.

둘째, 성령님의 나타나심에 대해 좋지 않다고 말하지 말고 좋다고 말해야 합니다. "나무도 좋고 열매도 좋다 하든지 나무도 좋지 않고 열매도 좋지 않다 하든지 하라. 그 열매로 나무를 아느니라."(마 12:33) 사람들은 예수님과 그분의 행하시는 일에 대해 좋지 않다고 악평했습니다.

당신은 그런 일이 없습니까? 이스라엘 백성들도 가나안 땅을 정탐한 후에 악평했습니다. 그로 인해 여호수아와 갈렙 외에는 아무도 가나안 땅에 들어가지 못했습니다.

하나님이 최근에 당신에게 무엇을 주셨습니까? 그것을 악평하지 마십시오. "이 집이 안 좋아, 이 차가 안 좋아, 이

음식이 안 좋아, 이 옷이 안 좋아." 악평을 멈추십시오.

어떤 것이든 하나님이 주신 것에 대해서는 악평하지 말아야 합니다. 무엇이 좋고 무엇이 나쁩니까? 하나님이 주신 것은 다 좋고 마귀가 주는 것은 다 나쁩니다. 그런데 어떤 사람은 반대로 말합니다. 마귀가 준 것은 다 좋다고 말하고 하나님이 주신 것은 다 나쁘다고 말합니다.

이 얼마나 오만하고 교만한 태도입니까?

마귀는 죽이고 도둑질하고 멸망시키기 위해 왔습니다.

그런 마귀에게 죽임 당하고 도둑질 당하고 멸망당하면서 그것을 좋은 거라고 말하면 안 됩니다. 마귀의 일은 나쁘다고 말하며 예수 이름으로 대적하고 쫓아내야 합니다.

그리스도 밖에 있는 저주들 곧 죄와 목마름, 병과 가난, 어리석음과 징계와 죽음은 다 나쁜 것들입니다. 예수님이 그 모든 저주를 십자가에서 담당하셨습니다. 그리스도 안에 있는 복들 곧 의와 성령 충만, 건강과 부요, 지혜와 평화와 생명은 다 좋은 것들입니다. 이런 것은 모두 그리스도 안에서 하나님이 선물로 주신 풍성한 생명입니다.

십계명을 어기는 영화와 드라마, 동영상을 보면서도 좋다고 박수치는 사람이 있는데 크게 잘못된 행동입니다.

하나님이 먹지 말라고 한 더러운 음식에 대해서도 좋은 것이라고 칭찬하며 배를 채우는 사람이 있습니다. 그래서 주의 종들과 성도들이 온갖 질병과 연약함에 걸립니다.

하나님이 "그것은 더러운 것이다. 가증한 것이다. 아주 얄밉다"고 말씀하셨으면 그런 줄로 알고 멀리해야 합니다.

그런 것을 좋다고 말하며 즐기지 말아야 합니다.

많은 사람들이 하나님의 말씀과 반대 되는 것을 좋아합니다. 그들은 하나님의 말씀을 버립니다. 그리고 세상 사람들이 좋다며 하나님의 말씀과 반대되는 것을 말하면 그것을 칭찬하고 이리저리 퍼 나르는데, 망령된 짓입니다.

성경은 말씀합니다. "너희가 하나님의 말씀을 버렸으므로 나도 너희를 버렸다. 잘못된 행실을 회개하라."

예수님이 좋으면 예수님께로부터 오는 것도 다 좋은 것이라고 말해야 합니다. 성령님이 좋으면 성령님께로부터 오는 것도 다 좋은 것이라고 말해야 합니다.

셋째, 하나님의 자녀는 선한 것을 쌓고 말해야 합니다.

"독사의 자식들아, 너희는 악하니 어떻게 선한 말을 할 수 있느냐? 이는 마음에 가득한 것을 입으로 말함이라. 선한 사람은 그 쌓은 선에서 선한 것을 내고 악한 사람은 그 쌓은 악에서 악한 것을 내느니라."(마 12:34~35)

선한 것이 무엇입니까? 단순히 윤리적이고 도덕적인 것이 아닙니다. 예수님이 행하신 모든 것이 선한 것입니다.

예수님은 아버지가 보여주신 것만 행하셨습니다.

우리는 천국 백성입니다. 그렇다면 천국의 생각과 말만 해야 합니다. 마음에 부정적인 것을 쌓지 마십시오. 부정적인 것은 보지도 듣지도 말하지도 옮기지도 마십시오. 더러운 것은 보지도 듣지도 말하지도 옮기지도 마십시오.

성경과 다른 내용들 곧 부정적인 것과 더러운 것을 보니까 그것이 자꾸 쌓이는 것입니다. 예수를 믿고 성령으로 거듭나 하나님의 자녀가 되었으면 마음을 새롭게 함으로 변화를 받아 하나님의 기뻐하시고 선하시고 온전하신 뜻이 무엇인지 분별하고 그런 것만 마음에 쌓아야 합니다.

더러운 사람, 부정적인 사람과 어울리지 마십시오.

그들과 어울려 다니며 말을 섞으며 맞장구치면 금방 전염됩니다. 나쁜 친구는 선한 행실을 더럽힙니다. 그런 친구를 멀리해야 합니다. 좋은 친구는 당신에게 좋은 영향을 끼치지만 나쁜 친구는 당신의 인생을 망칩니다.

"속지 말라, 악한 동무들은 선한 행실을 더럽히나니 깨어 의를 행하고 죄를 짓지 말라."(고전 15:33~34)

넷째, 무익한 말은 한 마디도 하지 말아야 합니다.

예수님은 말조심하라고 분명히 말씀하셨습니다. "내가 너희에게 이르노니 사람이 무슨 무익한 말을 하든지 심판 날에 이에 대하여 심문을 받으리니 네 말로 의롭다 함을 받고 네 말로 정죄함을 받으리라."(마 12:36~37)

한 사람이 이런 말을 했습니다.

"내가 성경을 여러 번 읽으면서 딱 한 구절만 빼면 좋겠다는 생각이 든 것이 있다. 그것이 바로 이 구절이다."

"사람이 무슨 무익한 말을 하든지 심판 날에 이에 대하여 심문을 받으리라"는 이 구절이 자기 마음에 자꾸 걸린다는 것입니다. 이 말씀에서 자유로울 수 있는 사람이 몇이나 되겠습니까? 하지만 우리에게는 희망이 있습니다.

무엇일까요? 성령님께 도움을 구하면 됩니다.

"성령님, 제가 무익한 말을 하지 않게 해주세요."

그러면 성령님께서 도와주십니다. 어떤 말을 하려고 할 때 '그 말은 하지 마라'고 말씀하십니다. 많은 경우 무익한 말들이 아예 떠오르지 않게 하십니다. 우리는 무엇이 유익하고 무익한지 잘 모르지만 성령님은 다 아십니다.

그러므로 성령님께 도움을 구하기 바랍니다.

성령님과 성령님의 나타나심인 은사를 모독하고 거스르는 말, 악하고 더럽고 부정적인 말 등 어떤 무익한 말이라도 담겨 있으면 그런 것은 보지 마십시오. 보면 금방 전염되어 남에게 옮기게 됩니다. 그런 말이나 영상은 접촉하지 마십시오. 그 시간에 말씀을 읽고 묵상하십시오.

"육체의 연단은 약간의 유익이 있으나 경건은 범사에 유익하니 금생과 내생에 약속이 있느니라."(딤전 4:8)

성령님과 그분의 나타나심인 은사에 대해서는 잘 모르면 입을 다무는 것이 좋습니다. 모르면서 아는 척 하거나, 자기 육신의 기준으로 함부로 판단하고 비판하는 말을 하지 말아야 합니다. 어떤 장로님은 이런 말을 합니다.

"우리 교회에 성령님의 나타나심이 여기저기 있지만 장로들이 그걸 감당할 수 없어요. 어떻게 하면 될까요?"

그런 성령님의 임재하심과 기름 부으심을 깨뜨리려 하지 말고 자신의 자아가 깨어지기 위해 기도해야 합니다.

성령님의 임재하심과 기름 부으심 앞에서 엎드려 울며 회개하고 또 회개해야 합니다. 날마다 회개해야 합니다.

목회자도 신령한 세계에 대해 모르면 그렇게 말할 수 있습니다. 방언을 받지 못한 사람이 방언에 대해 뭐라고 말하겠습니까? 한 신학자가 자기 책에서 "방언은 폐했다"는 구절만 꺼내 강조하는 걸 보았는데 결론은 자기가 방언을 받지 못했기 때문에 그런 건 없다는 것입니다. 성령님의 나타나심을 대적하는 그런 육신의 책을 왜 써냅니까?

육신의 생각은 사망입니다. "육신을 따르는 자는 육신의 일을, 영을 따르는 자는 영의 일을 생각하나니 육신의 생각은 사망이요 영의 생각은 생명과 평안이니라. 육신의 생각은 하나님과 원수가 되나니 이는 하나님의 법에 굴복하지 아니할 뿐 아니라 할 수도 없음이라. 육신에 있는 자

들은 하나님을 기쁘시게 할 수 없느니라."(롬 8:5~8)

육신의 힘으로 의로워지려는 것도 사망이요 육신의 생각으로 하나님의 일을 하려고 하는 것도 사망입니다.

"설교 원고를 멋지게 만들어서 읽으면 되지 않나요?"

아닙니다. 그래서 바울은 이런 말을 했던 것입니다.

"내가 너희 가운데 거할 때에 약하고 두려워하고 심히 떨었노라. 내 말과 내 전도함이 설득력 있는 지혜의 말로 하지 아니하고 다만 성령의 나타나심과 능력으로 하여 너희 믿음이 사람의 지혜에 있지 아니하고 다만 하나님의 능력에 있게 하려 하였노라."(고전 2:3~5)

"설득력 있는 지혜의 말로 하지 않는다"고 했고 "다만 성령의 나타나심과 능력으로 한다"고 했습니다.

설득력 있는 지혜의 말로 설교하는 사람이 많습니다.

그들은 '서론 본론 결론' 하며 학교에서 배운 대로 논리 정연한 원고를 만들고 예화 한두 개 넣어서 읽습니다. 그런 설교를 듣고 나면 예화 말고는 남는 것이 없습니다.

설교자는 오래 기도하며 성령님을 전적으로 의지해야 합니다. 육신의 생각으로 설교하거나 목회하지 말아야 합니다. 육신의 생각은 하나님과 원수 됩니다. 육신에 있는 자들은 하나님을 조금도 기쁘시게 할 수 없습니다.

엘리 제사장처럼 눈이 어둡고 몸이 비대해져 성령님의

나타나심과 능력에 대해 잘 모르는 주의 종이 있습니다.

모르는 것에 대해서는 침묵하는 것이 좋습니다.

내가 20대에 한 교회의 전도사로 섬기는 중에 엄청난 성령님의 나타나심이 있었습니다. 성도들은 밤낮 나를 찾아와 함께 기도하며 다들 성령을 받고 방언을 말하기 시작했습니다. 더러운 귀신이 소리 지르며 떠나갔고 사람들은 회개의 영에 사로 잡혀 울며 오래 기도했습니다.

이때 담임 목사님은 자신이 그런 체험이 있었고 지혜로웠기 때문에 가만히 있고 한마디도 하지 않았습니다.

며칠 후에 하나님은 내게 성령의 강한 바람이 불고 있는 그 교회를 떠나 서울로 가서 교회를 개척하라고 말씀하셨습니다. 나는 이해가 안 되었지만 순종했습니다.

이렇게 항의하듯 말하지 않았습니다.

'여기서 아무 문제가 없고 엄청난 성령의 역사가 나타나고 있는데 왜 갑자기 저에게 사임하고 서울로 가라고 하십니까? 저는 돈도 없고 서울에 아는 사람도 없습니다.'

지금도 가끔 사람들이 내게 묻습니다.

"김열방 목사님은 서울 잠실에서 개척하셨는데 거기에 아는 사람이 있었나요? 누가 오라고 했나요?"

"네, 아는 분이 있었습니다. 제 아버지가 그곳에서 목회를 하고 계셨습니다."

"그렇군요. 아버지의 목회를 도우셨나 봐요?"

"네, 맞아요. 제 아버지는 하나님이십니다. 그분이 나를 부르셨고 먼저 그곳에서 저를 기다리고 계셨습니다."

그때 나는 전세 단칸방 값 천만 원을 개척 헌금으로 드리고 잠실 대로변의 상가 3층 30평을 임대해서 교회를 시작했습니다. 이처럼 하나님은 모든 것을 합력하여 선을 이루시며 모든 것을 섬세하게 인도하시는 분입니다.

거기서도 엄청난 성령의 나타나심이 있었습니다. 사람들은 내게 안수 받는 순간 성령의 권능 아래 쓰러졌고 방언을 말하기 시작했습니다. 한 사람이 말했습니다.

"안개 같이 자욱한 것이 강단 쪽에 가득 있어요."

하나님의 영광의 구름이 임한 것입니다.

"천사들이 보여요."

하나님이 기도 응답으로 천사를 보내신 것입니다.

또 다른 사람은 성령의 권능을 느낀다고 말했습니다.

"김열방 목사님의 설교를 듣고 있으면 너무 강해서 우리를 뻥뻥 치는 것 같아요. 뒤로 넘어갈 것 같아요."

나는 '성령님과 교제법 세미나'를 열었습니다.

300명, 500명, 700명, 수많은 목회자와 성도들이 와서 성령을 받고 방언을 말하며 회개하게 되었습니다. 내가 한 시간 정도 설교한 후에 대중을 앞으로 불러내 안수하는 것을 아내가 곁에서 도왔는데 나중에 이렇게 말했습니다.

"뭔가 기름 같은 것이 강단에 물결처럼 흐르고 있었어요. 그것은 만질 수 있고 느낄 수 있는 것이었어요."

성령님의 기름 부으심이 실제로 나타난 것입니다.

성령님의 기름 부으심은 막연한 것이 아닙니다. 실제입니다. 만물을 창조하신 성령님은 이 세상 어떤 것보다 실제적인 분이십니다. 성령님의 나타남도 실제적입니다.

이 모든 것을 사모하고 존중하기 바랍니다.

사무엘상 2장 30절에 이렇게 말씀합니다. "이제는 내가 나를 존중하는 사람들만 존중하고 나를 경멸하는 자들은 수치를 당하게 할 것이다. 나 주의 말이다."

방언은 내 영으로 축복하는 것이다

방언을 받았으면 말해야 한다

"방언을 말하는 자는."(고전 14:2)

당신은 언제 방언을 받았습니까? 어릴 때 받았다고요?

아니면 며칠 전에 받았다고요? 그렇게 방언을 받는 것만 중요한 것이 아닙니다. 방언을 많이 말해야 합니다.

방언은 매일 꾸준히 많이 말하라고 주신 은사이지 성령을 받을 때 일회적 경험으로 한 번 말해 보라고 주신 은사가 아닙니다. "옛날에 방언을 말했던 자는"이라고 하지 않고 "지금 방언을 말하는 자는"이라고 현재 진행형으로 되어 있습니다. 당신은 지금 방언을 많이 말하고 있습니까?

나는 20세에 성령과 방언을 받은 후에 지금까지 계속 방언을 많이 말하고 있습니다. 요즘은 하루에 7시간~10시간 정도 방언으로 기도하고 있습니다.

바울은 말했습니다. "나는 너희 모든 사람보다 방언을 더 많이 말한다. 이로 인해 하나님께 감사한다."

"나는 너희 모든 사람보다 방언을 더 크고 유창하게 말한다"고 하지 않았습니다. "많이 말한다"고 했습니다. 그것도 "너희 몇 사람보다"가 아닌 "너희 모든 사람보다"라고 했습니다. 바울이 이렇게 비교하며 강조한 것은 그 정도로 방언을 많이 말하는 것이 중요하고 필요하다는 것입니다. 우리도 바울처럼 방언 기도를 많이 해야 합니다.

방언은 성령 받은 기념으로 간직하라고 주신 것이 아닙니다. 중얼거리며 많이 말하라고 주신 것입니다.

방언은 사람에게 하는 것이 아니다

"사람에게 하지 아니하고."(고전 14:2)

방언은 사람에게 말하는 것이 아니라 하나님께 말하는

것입니다. 그런 면에서 방언은 다른 어떤 은사보다 귀하고 가치가 높습니다. 교회의 유익 측면이 아닌 개인의 유익 측면에서 말입니다. 방언은 개인의 믿음을 세워 줍니다.

먼지 같고 메뚜기 같은 사람이 존귀하신 하나님께 뭔가 말할 수 있다는 것은 어떤 동물에게도 허락되지 않은 특별한 은혜입니다. 그래서 하나님은 사람에게 '언어의 능력'을 주셨습니다. 마음으로 생각하는 것을 말로 표현할 수 있다는 것도 귀한데 영으로 기도할 수 있도록 '방언의 은사'를 주셨다는 것은 얼마나 더 귀하고 감사한 일입니까?

어떤 사람은 '은사'라는 단어조차 마음에 부딪힌다며 부정적으로 말합니다. "은사 받은 사람들은 교회 안에서 지나치게 행동해. 내 생각에는 그들이 교만해 보여."

그렇게 말하는 그 사람이 교만한 것입니다.

하나님의 신령한 일을 은사 곧 성령님의 나타나심이 없이 자기 육신의 힘으로만 하려고 하기 때문입니다.

은사는 사람이 임의로 만든 것이 아닙니다. 가장 지혜롭고 총명하신 하나님이 만들어서 안겨 주신 것입니다.

은혜도 그렇습니다.

"교회 다니는 사람들은 입만 열면 뭐든지 다 은혜라고 말해. 은혜, 은혜, 도대체 뭐가 은혜라는 거야?"

그 사람이 은혜를 몰라서 그렇습니다.

은혜, 은사, 이 얼마나 좋은 말입니까? 은혜는 '카리스'이고 은사는 '카리스마'입니다. 은혜는 하나님의 자녀가 되게 하고 은사는 하나님의 일꾼이 되게 합니다.

세상 사람들도 아무것도 없는 사람보다는 어느 정도 카리스마 있는 사람을 좋아합니다. 성경에서 말하는 카리스마는 마법사처럼 남을 속이며 자신을 높이는 것이 아닌 성령님의 나타나심을 통해 남을 섬기는 것을 말합니다.

은혜와 은사를 부정적으로 생각하고 거부하고 비난하는 것은 육신의 사람들이 하는 수준 낮은 행동입니다.

영의 사람들은 그러지 않습니다. 그들은 은혜와 은사를 존중합니다. 하나님은 경멸하는 자에게 은혜와 은사를 주지 않습니다. 누군들 그러고 싶겠습니까? 그분은 은혜와 은사를 존중하는 자에게 은혜와 은사를 주십니다.

받은 은혜와 은사를 존중하고 잘 활용하면 '더욱 큰 은사와 더욱 큰 은혜'를 주십니다. 당신은 어떤 사람이 되길 원합니까? 나는 더욱 큰 은혜와 은사를 원합니다. 하나님이 주시는 거라면 뭐든지 받고 싶습니다. 그것도 하나만 아닌 다 받고 싶고 조금만 아닌 많이 받고 싶습니다.

왜일까요? 내가 그분을 많이 사랑하고 좋아하기 때문입니다. 하나님도 그런 나에게 하나만 아닌 다 주고 싶어 하시며 조금이 아닌 많이 주고 싶어 하십니다. 왜일까요? 그분 또한 나를 많이 사랑하고 좋아하시기 때문입니다.

하나님은 요단강에서 물로 세례 받고 올라오시는 예수님에게 성령을 한량없이 주시며 말씀하셨습니다. "이는 내 사랑하는 아들이요 내 기뻐하는 자라."(마 3:17)

하나님은 당신도 많이 사랑하고 좋아하십니다.

우리는 예수님과 예수님이 행하시는 모든 것을 환영하고 좋아해야 합니다. "예수님은 좋지만 예수님이 행하신 일 곧 병을 고치고 귀신 쫓고 하는 것은 안 좋아"라고 말하지 말아야 합니다. 예수님은 "나무는 좋고 열매는 나쁘다고 말하지 말라"고 하셨습니다. "나무도 좋고 열매도 좋다고 말하라"고 하셨습니다. "나는 성령님은 좋지만 그분의 은사는 싫다. 성령의 열매만 좋다"고 말하면 안 됩니다.

성령의 열매는 없습니다. 열매는 가지가 맺는 것이지 나무가 맺는 것이 아니기 때문입니다. "오직 성령의 열매는"이라는 구절은 "오직 영의 열매는"이라는 말입니다.

이 내용은 바울이 '육체의 일'에 대해 말하면서 그 반대의 일인 '영의 일'을 말한 것이기 때문입니다. 영어 성경에는 "But the fruit of the Spirit is love, joy, peace, longsuffering, gentleness, goodness, faith"라고 되어 있습니다. 영의 열매입니다. 성령은 'Holy'가 붙습니다.

포도나무이신 예수님의 영이신 성령님은 열매가 없고

그의 가지인 우리가 열매를 맺습니다. 곧 성령을 좇아 살 때 우리가 영의 열매를 맺는 것입니다. 그래서 성경은 "육신을 따라 살지 말고 영을 따라 살아라. 그러면 영의 일을 하게 되고 영의 열매를 맺게 된다"고 말씀하는 것입니다.

성령님은 '그분의 나타나심'을 주십니다. 성령님의 은사와 기름 부으심은 '성령님의 나타나심'입니다. "각 사람에게 '성령을 나타내심'은 유익하게 하려 하심이라"(고전 12:7)고 했고 사도 바울은 "나는 오직 성령님의 나타나심과 능력으로 복음을 전했다"(고전 2:4~5)고 했습니다.

방언은 성령님의 나타나심입니다. 성령님이 왜 자신을 나타내십니까? 각 사람을 유익하게 하기 위함입니다.

당신이 어떤 사람을 만나거나 모임에 참석할 때 왜 자신을 나타내며 일을 합니까? 그들에게 해를 끼치기 위함이 아닌 오직 그들을 유익하게 하기 위함입니다.

그때 비방을 받거나 무시를 당하면 기분이 어떤가요?

다시는 그 사람을 만나고 싶지 않고 그 모임에 가고 싶지도 않을 것입니다. 강아지도 그렇습니다. 자기를 무시하는 사람은 가까이 가지 않고 꼬리를 내립니다. 자기를 존중하고 좋아하는 사람은 다가가 꼬리를 흔듭니다.

성령님은 강아지나 사람과는 비교할 수 없는 존귀하신 분입니다. 그분은 지성과 감정과 의지 등의 인격을 가지고 계시며, 작은 말에도 쉽게 상처 받으시는 분입니다.

성경에서 "성령님을 상하게 하지 말라"고 할 때 그분을 기분 상하게 하지 말라는 말입니다. 당신은 생각이나 말, 행동으로 성령님의 기분을 상하게 한 적이 없습니까?

회개하십시오. 성령님을 환영하고 존중하십시오.

성령님의 나타나심인 방언도 존중하십시오. 방언은 결코 '알아듣지도 못하는 말을 떠드는 천박한 은사'가 아닙니다. 방언은 천국에서 남아돌고 쓸데없어서 쓰레기 처리하듯 오순절 마가 다락방에 갖다 버린 것이 아닙니다.

방언은 하나님께 영으로 기도하라고 성령님이 정해서 주신 '기도를 위한 최고의 은사'입니다. 나는 이것을 아파트 100채나 빌딩 100채와도 바꾸지 않을 것입니다.

이 세상 만물은 육신의 편안함을 위해 조금 도움을 줄 뿐입니다. 이 세상 재산은 내가 하나님께 영으로 기도하는 데 아무 도움을 주지 못합니다. 나는 그 모든 것보다 '내 영으로 하나님께 기도하는 방언'을 더 귀하게 여깁니다.

내가 만일 방언을 받지 못했다면 매일 몇 시간씩 기도할 수 없었을 것이고 그렇게 영으로 기도하지 않았다면 영이신 하나님을 제대로 알 수 없었을 것입니다.

하나님은 영이시므로 영으로 예배해야 하며 영의 일은 영으로만 알 수 있습니다. 영의 기도를 하지 않으면 마음으로만 기도해야 하며 영으로 기록된 하나님의 말씀을 깨닫는 것도 마음 곧 이성에만 의존해야 할 것입니다.

영의 세계를 모르는 사람은 눈에 보이지 않는 영이신 성령님을 존중하지 않고 눈에 보이는 사람만 존중하며 떠받듭니다. "방언을 말하는 자는 사람에게 하지 아니한다"고 했습니다. 이 문장에 중대한 의미가 담겨 있습니다.

보통은 어떤 사람이 단상에 서서 조명을 받으며 많은 사람들을 향해 멋지게 노래하는 것을 보면서 대단하다고 생각합니다. 나는 그보다 기도의 골방에 들어가 문을 닫고 작은 소리로 중얼거리며 하나님께 방언으로 기도하는 것을 억만 배나 더 귀하게 생각합니다. 당신은 어떤가요?

세상 모든 사람들보다 억만 배나 귀한 분이 바로 성령님이십니다. 성경에 "모든 육체는 풀과 같고 그 영광이 풀의 꽃과 같다. 풀은 시들고 꽃은 떨어진다. 여호와의 기운이 불기 때문이다"라고 했고 이사야 선지자는 "땅에 사는 사람들은 메뚜기와 같지만 천지 만물을 창조하신 성령님은 아주 크고 존귀하신 분이다"라고 했습니다.

"그는 땅 위 궁창에 앉으시나니 땅에 사는 사람들은 메뚜기 같으니라. 그가 하늘을 차일 같이 펴셨으며 거주할 천막 같이 치셨고 귀인들을 폐하시며 세상의 사사들을 헛되게 하시나니 그들은 겨우 심기고 겨우 뿌려졌으며 그 줄기

가 겨우 땅에 뿌리를 박자 곧 하나님이 입김을 부시니 그들
은 말라 회오리바람에 불려 가는 초개 같도다. 거룩하신 이
가 이르시되 '그런즉 너희가 나를 누구에게 비교하여 나를
그와 동등하게 하겠느냐?' 하시니라. 너희는 눈을 높이 들
어 누가 이 모든 것을 창조하였나 보라, 주께서는 수효대로
만상을 이끌어 내시고 그들의 모든 이름을 부르시나니 그
의 권세가 크고 그의 능력이 강하므로 하나도 빠짐이 없느
니라."(사 40:22~26)

땅에 사는 메뚜기 같은 사람들이 자기 육신의 생각으로
어떤 장황한 논리와 변명을 주장하더라도 그것에 미혹되
지 말아야 합니다. 사람들의 말은 아무것도 아닙니다.

성령님은 말할 수 없이 크고 존귀하신 분입니다.

성령님이 주시는 것이라면 다 좋은 것이라고 믿고 인정
해야 합니다. 그리고 간절히 사모하고 구해야 합니다.

방언 기도하는 교회를 귀하게 여기라

내 책을 읽은 한 자매가 이렇게 말했습니다.

"김열방 목사님, 제가 친구와 함께 한 교회를 다녔는데,
그 친구가 목사님과 성도들이 새벽 기도회 시간에 다들 방

언으로 기도하는 것을 듣고 자기는 방언을 못 받았기 때문에 시기와 질투가 일어난다며 마음이 불편하니까 다른 교회로 옮기자고 했어요. 그래서 함께 방언 안 하는 다른 교회로 옮겼어요. 지금 다니는 교회는 방언을 안 해요. 그리고 여기 계신 분들은 기도 생활을 거의 안 해요. 새벽 기도 끝나고 10분만 있으면 다들 일어나서 나가고 방언하는 할머니 한 분만 앉아서 조용히 방언으로 오래 기도해요. 저도 기도의 열정이 많이 식었어요. 어떻게 하면 좋을까요?"

나는 안타까운 마음으로 그분에게 말했습니다.

"방언 못 받은 친구를 따라 가지 말고 방언 받은 자매님이 그 친구를 강하게 영의 세계로 이끄세요. 앞으로 모든 일을 그런 방식으로 결정하세요. 영의 사람이 육신의 사람을 강하게 이끌어야지 그렇지 않고 육신의 사람을 따라가면 안 됩니다. 복음을 전하는 교회, 치유하는 교회, 하루에 몇 시간씩 기도하는 교회, 성령님을 환영하고 존중하는 교회를 귀하게 여기세요. 혈통과 육정과 사람의 뜻을 따라 교회를 옮기지 마세요. 돈을 10억, 100억 준다고 해도 그렇게 교회를 옮기지 마세요."

이처럼 영의 유익을 따라 교회를 정하는 사람이 있고 육신의 유익을 따라 교회를 정하는 사람이 있습니다.

영의 유익을 따라 교회를 정하는 사람은 신령한 은사를

사모하고 받아 누리는 교회를 귀하게 여기고 그런 사람들과 함께 예배하며 교제를 나눕니다. 육신의 유익을 따라 교회를 정하는 사람은 친구나 돈, 부모 형제의 말을 따라 인간적인 친교를 나누며, 먹고 마시고 놀러 다닙니다.

방언은 영으로 하나님께 비밀을 말하는 것입니다.

이런 사람이 교회에 한 명만 있어도 합심 기도할 때 생기가 흐르게 됩니다. 얼마나 귀한지 모릅니다.

방언 기도하는 사람을 비방하지 마라

당신은 방언을 말하는 사람을 존중합니까?

방언을 소중히 여기고 방언을 말하는 사람을 존중해야 합니다. 성령님의 나타나심인 방언을 하찮게 여기거나 방언을 말하는 자를 비방하지 않도록 조심하십시오.

방언을 말하는 자는 사람에게 하는 것이 아닙니다.

그렇기 때문에 곁에서 그걸 지켜보는 사람은 조심해야 합니다. 만약 어떤 사람이 대통령과 대화하는데 그걸 곁에서 본 사람이 비방하면 대통령이 좋아할 리 없습니다.

성령님은 대통령보다 억만 배나 높고 크신 분입니다.

하루는 20대에 내가 교회에서 새벽기도회가 끝나고 방

언으로 간절히 기도하고 있는데 한 사람이 내 뒤에 와서 내 등을 때리며 말했습니다. "왜 이렇게 기도하는 거야?"

나는 놀라며 순간적으로 잠깐 기도를 멈추고 조용히 있었습니다. 그분이 내 등을 친 것에 대해 기분 나쁘다는 듯이 짜증이나 화를 내지 않았습니다. 그리고 집에 와서 다시 방언으로 기도했습니다. 다음날 새벽에 다시 교회에 가서 새벽기도회에 참석하고 방언으로 기도했습니다.

당신도 기도하는 중에 그런 말을 들었다고요.

"왜 그런 식으로 기도하는 거야?"

한나가 기도할 때 엘리 제사장이 그렇게 말했습니다.

"그가 여호와 앞에 오래 기도하는 동안에 엘리가 그의 입을 주목한즉 한나가 속으로 말하매 입술만 움직이고 음성은 들리지 아니하므로 엘리는 그가 취한 줄로 생각한지라. 엘리가 그에게 이르되 '네가 언제까지 취하여 있겠느냐? 포도주를 끊으라' 하니 한나가 대답하여 이르되 '내 주여, 그렇지 아니하니이다. 나는 마음이 슬픈 여자라, 포도주나 독주를 마신 것이 아니요 여호와 앞에 내 심정을 통한 것뿐이오니 당신의 여종을 악한 여자로 여기지 마옵소서. 내가 지금까지 말한 것은 나의 원통함과 격분됨이 많기 때문이니이다' 하는지라."(삼상 1:12~16)

사람들이 그런 말을 하면 어떻습니까? 괜찮습니다.

하나님께 기도해서 응답 받는 것이 더 중요합니다.

마음의 기도보다 더 나은 영의 기도

사람들의 말에 상처받고 기도를 멈추지 마십시오.

하나님 나라에서의 승자는 비판하고 헐뜯고 비웃고 조롱하는 사람이 아니라 '기도해서 응답 받는 사람'입니다.

나는 사람들이 뭐라고 하든지 꾸준히 방언으로 기도했습니다. 내가 방언으로 기도하든, 한국말로 기도하든, 큰소리로 부르짖어 기도하든, 한나처럼 입술만 움직이며 기도하든, 그걸 듣는 사람들이 다 좋아할 수는 없습니다.

예수님은 "네 골방에 들어가서 은밀한 중에 계신 하나님 아버지께 기도하라"고 하셨던 것입니다. 처음에 은혜를 받으면 너무 좋아서 큰 소리로 방언 기도를 하기 마련입니다. 나도 처음에 부르짖는 기도를 많이 했습니다.

그래서 밤낮 교회가 떠나가고 온 동네가 시끄럽도록 부르짖었습니다. 그렇게 부르짖으니까 어떤 사람은 고개를 절레절레 흔들며 '이상하다, 미쳤다'고 생각했습니다.

"하나님이 귀가 먹었나? 왜 저렇게 부르짖는 거야."

하지만 성경에 부르짖는 기도에 대한 내용이 정말 많이

나옵니다. 사람들은 자기 소견으로 이렇게 말합니다.

"나는 침묵 기도와 대화식 기도만 해도 충분해요."

과연 그럴까요? 하나님을 대면하여 알고 친구처럼 사귀었던 모세는 문제가 생길 때마다 엎드려 부르짖었습니다.

모세가 언제 부르짖었을까요?

첫째, 모세는 용서와 치유를 위해 부르짖었습니다.

"모세가 여호와께 부르짖어 이르되 하나님이여 원하건대 그를 고쳐 주옵소서."(민 12:13)

둘째, 모세는 백성의 원망을 들을 때 부르짖었습니다.

"모세가 여호와께 부르짖어 이르되 내가 이 백성에게 어떻게 하리이까 그들이 조금 있으면 내게 돌을 던지겠나이다."(출 17:4)

셋째, 모세는 기적을 달라고 부르짖었습니다.

"모세가 여호와께 부르짖었더니 여호와께서 그에게 한 나무를 가리키시니 그가 물에 던지니 물이 달게 되었더라."(출 15:25)

다윗은 종일 부르짖었다고 했습니다. "주여, 내게 은혜를 베푸소서. 내가 종일 주께 부르짖나이다."(시 86:3)

마음에 고통이 있는 자는 부르짖을 수밖에 없습니다.

하나님은 우리에게 부르짖으라고 말씀하셨습니다.

"일을 행하시는 여호와 그것을 만들며 성취하시는 여호와 그의 이름을 여호와라 하는 이가 이와 같이 이르시도다. 너는 내게 부르짖으라, 내가 네게 응답하겠고 네가 알지 못하는 크고 은밀한 일을 네게 보이리라."(렘 33:2~3)

부르짖을 때 그분은 크고 은밀한 일을 보여주십니다.

나는 매일 부르짖었고 그로 인해 다른 사람들이 모르는 크고 비밀한 일을 많이 알고 빨리 성장하게 되었습니다.

하지만 죽을 때까지 그렇게 매일 큰소리로 부르짖을 필요는 없습니다. 더 좋은 기도 방법이 왔기 때문입니다.

그것이 무엇일까요? 영의 기도인 방언입니다.

부르짖는 기도는 마음의 기도입니다. 바울은 "마음으로 기도하고 영으로 기도한다"고 했습니다. 영의 기도인 방언 기도의 좋은 점은 '크게 부르짖어 기도하지 않아도 된다'는 것입니다. 영은 몸에서 나는 큰소리와 상관없습니다.

예전에는 내가 그렇게 큰 소리로 부르짖어 기도하니까 항상 목이 쉬고 갈라져 있었습니다. 그러나 지금은 다 회복되었습니다. 방언 기도 곧 영으로 중얼거리며 작게 기도하기 때문입니다. 목사님들 중에는 하루에 몇 시간씩 기도한다고 하는데 목이 안 쉰 분들이 있습니다. 왜일까요?

방언으로 오래 기도하기 때문입니다. 방언은 많이 말하

는 것이 가장 중요합니다. 방언은 마음으로 하는 것처럼 "주여!" 하고 크게 부르짖으며 기도하지 않아도 됩니다.

작은 목소리로 중얼중얼하며 오래 기도하면 됩니다.

그런데도 기도의 효과와 결과는 더 크고 좋습니다.

마음의 기도인 부르짖는 기도도 비행기처럼 빨리 응답이 오지만 영의 기도인 방언은 빛보다 더 빠른 속도로 응답이 옵니다. 그래서 나는 사람들에게 안수하며 축복할 때 방언으로 하나님께 기도합니다. 그러면 곧 응답이 옵니다.

안수 받는 사람에게 성령이 임하고 방언이 터지며 귀신과 질병이 즉시 쫓겨 나갑니다. 그때 내가 하는 방언을 듣는 사람은 알아듣지 못하기 때문에 아멘은 못합니다.

축복 기도는 기도 받는 사람이 내가 하는 기도 내용을 알아듣고 아멘 하는 것도 중요하지만 그보다 축복한 즉시 응답을 받는 것이 더 중요합니다. 즉시 성령이 임하고 방언을 받고 귀신이 쫓겨 나가고 병이 낫는 것이 더 중요합니다. 내가 손을 얹고 방언으로 축복할 때 즉시 응답이 옵니다. 그러면 그 내용을 예언의 말로 들려줍니다.

"내 딸아, 아무것도 염려하지 마라. 내가 해결해 줄게."

그렇게 나는 축복 기도할 때 방언과 한국말을 섞어서 기도해 줍니다. 부르짖는 기도를 하지 말라는 말이 아닙니다. 당신이 절망적인 상황에 있다면 부르짖어야 합니다.

하나님은 우리가 매일 부르짖도록 만들지는 않았습니다. 부르짖는 기도는 귀하며 지금도 나는 많이 합니다. 하지만 그보다 좋은 기도인 영의 기도를 더 많이 합니다.

영으로 곧 방언으로 기도하는 사람은 하루에 몇 시간씩 기도해도 "자기와 및 하나님께만 말하기"(고전 14:28) 때문에 목이 쉬지 않습니다. 방언은 꼭 크게 말하지 않아도 됩니다. 입안에서 작은 목소리로 중얼중얼 혀를 움직이며 편안하게 기도하면 됩니다. 재미있고 쉽습니다. 그렇게 방언 기도를 하면 매일 10시간씩 해도 목이 괜찮습니다.

우리는 사람에게 많은 말을 하려고 애쓰는데 그것보다 하나님께 많은 말을 하려고 애써야 합니다. 그것도 원망과 불평이 아닌 감사와 찬송의 말을 많이 해야 하는데 그렇게 하도록 돕는 은사가 방언입니다. 너무 좋습니다.

당신도 방언을 많이 말하기 바랍니다.

방언은 하나님께 하는 영의 기도다

"하나님께 하나니."(고전 14:2)

무엇을 하나님께 합니까? 방언입니다. 방언은 오직 하나님께 하는 것입니다. 사람에게 하는 것이 아닙니다.

방언은 내 영이 하나님께 기도하는 '영의 기도'입니다.

누가 정하셨고 누가 주셨습니까? 하나님이 그렇게 정하셨고 하나님이 주셨습니다. 방언은 사람이나 동물, 식물, 어떤 물건을 향해 말하는 언어가 아닙니다. 방언은 천사나 마귀에게 하는 언어도 아닙니다. 어떤 사람은 "마귀를 대적하는 방언이 있다"고 말하는데 그렇지 않습니다.

성경에서 말하지 않는 것은 만들어 내지 말아야 합니다. '대적 방언'은 없습니다. 성경에 "방언은 하나님께 하는 것이다"라고 했으며 오직 하나님만 알아들으십니다.

하나님은 이렇게 말씀하십니다. "나는 나에게 말하는 영의 언어를 내가 정해서 네게 주었다. 네가 입을 열어 중얼거리며 방언을 말하면 그것이 내게 영으로 기도하는 것이 된다. 그것은 천사도 마귀도 아무도 못 알아듣는다."

당신은 방언을 누구에게 합니까? 방언은 하나님께 하는 것입니다. 하나님께 한다는 것은 곧 '기도'를 의미합니다.

방언은 영으로 하나님께 기도하는 것입니다.

기도는 무엇입니까? 인간이 전능하신 하나님께 무엇인가를 구하는 것입니다. 만약 당신이 누군가에게 안수하며 방언을 말한다면, 당신이 그 사람에게 뭔가를 말하는 것이 아니라 그 사람을 위해 당신이 성령 안에서 영으로 하나님께 기도하는 것입니다. 이 사실을 정확하게 알아야 합니다. 당신이 방언을 어디에서 어떻게 사용하든 그것은 동일하게 하나님께 말하는 것이며 '기도하는 것'입니다.

온 교회가 합심 기도할 때 당신이 강대상에서 마이크를 쥐고 방언으로 몇 마디 할 수 있습니다. 그것도 성도들에게 말하는 것이 아닙니다. 하나님께 말하는 것입니다.

당신 안에 계신 성령님이 교회를 위해 말할 수 없는 탄식으로 기도를 도우시는 것입니다. 방언은 어떤 경우에도 사람에게 하는 것이 아닙니다. 하나님께 하는 것입니다.

그러므로 사람에게 잘 보이기 위해 유창하고 아름다운 방언을 하려고 애쓸 필요가 없습니다. 당신이 혼자 있을 때 어떻습니까? 가장 편안한 차림과 자세가 나오지 않습니까? 방언이 그와 같습니다. 혼자 있을 때 "하라라라라 루루루 디바바바"라고 나오는 것이 좋은 방언입니다.

내 혀와 영이 서로 연결되어 있어 내가 혀로 방언을 말할 때 영이 기도하기 위해 작동합니다. 차에 시동을 걸면 엔진이 가동되는 것과 같고 액셀러레이터를 밟으면 달리는 것과 같습니다. 혀와 뇌와 영이 다 연결되어 있습니다.

하나님은 당신이 방언으로 기도하면 영이 가동되어 그분께 말할 수 없는 탄식으로 기도하게 하셨습니다.

방언으로 기도하면 뇌도 좋아집니다.

방언은 알아듣는 자가 없는 것이 정상이다

"이는 알아듣는 자가 없고."(고전 14:2)

방언은 알아듣는 자가 없는 것이 정상입니다.

당신이 방언을 말할 때 당신도 못 알아듣고 다른 사람도 못 알아듣습니다. 천사도 마귀도 귀신도 못 알아듣습니다. 사람들이 많이 하는 말 중에 하나가 이것입니다

"알아듣지도 못하는 방언을 왜 그렇게 오래 하냐?"

어떤 사람은 이런 모독적인 말도 서슴없이 합니다.

"개도 개 방언한다. 랄랄라가 뭐하는 짓이냐?"

마귀도 당신에게 와서 속삭이며 말합니다.

"알아듣지도 못하는 방언을 한다고 그렇게 시간 낭비하지 말고 차라리 알아듣는 한국말로만 기도해."

왜 그럴까요? 알아듣는 한국말로 기도해야 그 기도가 응답되지 못하도록 마귀가 방해할 수 있기 때문입니다.

알아듣지 못하는 말로 하나님께 끝도 없이 뭔가를 구할 때 마귀는 답답해서 미칩니다. 조금도 방해할 수 없기 때문입니다. 그것을 알아들으시는 하나님은 끝도 없이 응답을 쏟아 부으십니다. 신기한 일이 계속 벌어집니다.

많은 사람들이 이런 질문을 합니다.

"나도 못 알아듣는 방언을 계속 말해야 하나요?"

방언은 당신이 알아들으라고 주신 것이 아닙니다.

방언으로 기도하면서 내가 알아들으면 어떻게 될까요?

오만 가지 육신의 생각이 다 개입하게 됩니다.

'이건 내 생각에 맞지 않은 거 같아. 내 경험과 지식과 이론에 따르면 이런 황당한 기도는 하면 안 돼. 이런 내용의 기도를 하나님이 기뻐하실까? 내가 정말 하나님의 기뻐하시고 선하시고 온전하신 뜻을 따라 기도하고 있는 걸까? 내가 도대체 몇 시간 동안 뭐하고 있는 거지?'

사람의 자아는 끝도 없이 떠들며 잔머리를 굴립니다.

육신의 생각을 따라 사는 사람은 자신의 기도 내용에 대해 끊임없이 분석하고 판단하며 떠들어댑니다. 그래서 하나님은 그런 자아 곧 마음의 방해를 받지 않고 기도하게 하려고 영으로 기도하는 능력인 방언을 주신 것입니다.

옳고 그른 것을 사람이 판단하려고 했던 것이 선악과를 따먹은 사건입니다. 옳고 그른 것을 판단하는 분은 하나님이십니다. 무엇이 온전한 뜻인지 사람은 모릅니다.

하나님만이 다 아십니다. 그래서 하나님은 "인내를 온전히 이루라. 이는 너희로 온전하고 구비하여 조금도 부족함이 없게 하려 함이라"(약 1:4)고 말씀하셨습니다.

하나님과의 온전한 관계에 있어 마음과 육체가 개입하지 못하도록 '영으로 하는 기도 언어'라며 주신 것이 방언입니다. 이 얼마나 귀중한 은사입니까? 자연계에는 사람이 있습니다. 초 자연계에는 천사와 마귀가 있습니다.

그 모든 것 위에 하나님이 계십니다. 그런 하나님이 기도할 때 쓰라고 방언을 주셨습니다. 알아듣는 사람이 없지만 하나님은 알아들으십니다. 하나님만 알아들으십니다.

그거면 충분하지 않습니까? 당신 속에 있는 사정에 대해서도 당신이 다 모릅니다. 당신 안에 계신 성령님만이 다 아십니다. 그리고 당신이 방언으로 기도할 때 말할 수 없는 탄식으로 당신의 기도를 도우십니다.

당신이 하는 말을 세상에 있는 모든 사람들이 다 알아듣고 하늘에 있는 천사들이 다 알아듣고 마귀와 귀신들이 다 알아들어도 하나님이 당신에게 "나는 네가 하는 다섯마디 말도 도대체 무슨 말인지 모르겠다. 그 다섯 마디도 내게는 이방인들이 중언부언하는 것처럼 들린다. 하지 마라"고 하신다면 어떻게 될까요? 아무 소용없습니다.

하지만 당신이 일만 마디 방언을 하나님께 말하는데 하나님이 그것을 다 알아들으신다면 그것은 당신과 하나님께 매우 큰 의미가 있습니다. 하나님은 응답하시고 당신은 응답을 받게 됩니다. 방언은 알아듣는 자가 없는 것이 정상입니다. 오직 하나님만 알아들으시는 영의 기도입니다.

그래서 방언 기도가 억만금보다 좋은 것입니다.

이 책을 쓰면서 나는 눈물로 감사 기도를 드렸습니다.

"하나님, 이렇게 귀한 방언을 주셔서 억만 번이나 감사합니다. 평생 소중하게 여기며 잘 사용하겠습니다."

방언은 영으로 비밀을 말하는 것이다

"영으로 비밀을 말함이라."(고전 14:2)

방언은 성령님이 기도하시는 것이 아닙니다.

내 영이 하나님께 기도하는 것이며, 내가 영으로 비밀을 말하는 것입니다. 내가 영으로 말할 때 내용은 성령님이 주십니다. "성령이 말하게 하심을 따라 그들이 방언을 말하기를 시작하니라"(행 2:4)고 했습니다. 누가 방언을 말했습니까? 그들입니다. 누가 말하는 내용을 주셨나요? 성령님이십니다. 말하는 주체는 성령님이 아닌 '그들'입니다. 그러므로 당신이 입을 열어 방언을 말해야 합니다.

방언은 성령님이 비밀을 말하는 것이 아닙니다.

내 영이 비밀을 말하는 것입니다. 당신이 방언을 말할 때 그 안에 비밀한 내용을 성령님이 주시는 것입니다.

"뭔가를 말한다면 이해해야 하지 않나요?"

꼭 그런 것만은 아닙니다. 하지만 느낄 수는 있습니다.

성경에서 "비밀"이라고 할 때 '부부가 한 침실에 들어가는 것'을 말하기도 합니다. 에베소서 5장 31절에 "그러므로 사람이 부모를 떠나 그의 아내와 합하여 그 둘이 한 육체가 될지니 '이 비밀'이 크도다. 나는 그리스도와 교회에 대하여 말하노라"고 했습니다. 나는 방언 기도를 할 때 주님과 단둘이 비밀리에 신혼 방에 들어가는 것을 느낍니다.

나는 주님과 단둘이 있을 때는 그곳이 어디든 '기도의 밀실'이 되며 작은 목소리로 중얼거리며 방언 기도를 합니다. 여기서 내 영과 주님의 영이 스킨십을 하게 되고 그로 인해 나는 많은 위로와 감동, 새로운 기운을 얻습니다.

아가서 1장 4절에 "왕이 나를 그의 방으로 이끌어 들이신다"고 했고 1장 12절에는 "왕이 침상에 앉았을 때에 나의 나도(nard) 기름이 향기를 뿜어냈다"고 했습니다.

그렇습니다. 만왕의 왕이신 하나님이 내 영과 친밀한 교제를 나누기 위해 방언이란 은사를 주셨습니다. 내가 입술로 방언을 말할 때 키스하듯 내 영이 성령님과 달콤한 사랑의 교제를 나누는 것을 느끼게 되고 그로 인해 내가 더욱 성령님을 뜨겁게 사랑하고 의지하게 됩니다.

방언은 결코 최하의 은사, 수준 낮은 은사가 아닙니다.

방언은 가장 고차원적인 영으로 기도하는 은사입니다.

사람들이 방언의 가치를 몰라서 그렇게 폄하하는 것입

니다. 방언의 진정한 가치는 누가 정합니까? 철학 박사나 신학 교수나 잡다한 책이나 논문이 아닙니다. 백화점 사장이나 금은방 주인, 명품 가게 직원도 아닙니다. 오직 온 우주에서 가장 지혜로우신 아버지 하나님이 정하십니다.

아버지가 그분의 자녀들에게 가장 좋은 선물인 성령을 보내시면서 함께 묶어 방언을 주신 것입니다. 자동차를 살 때 엔진은 포함되어 있습니다. 엔진을 따로 사야 하는 것이 아닙니다. 신발을 살 때 깔창이 포함되어 있습니다. 깔창을 따로 사야 하는 것이 아닙니다. 시계를 살 때 시계 바늘도 포함되어 있습니다. 시계 바늘을 따로 사야 하는 것이 아닙니다. 마찬가지로 하나님은 성령을 주실 때 방언을 포함시켜 주셨습니다. 오순절 마가 다락방의 120명 제자들이 그랬고 에베소의 12명 제자들이 그랬습니다.

120명 중에 한 명을 뺀 119명이 방언을 받은 것이 아니며, 12명 중에 한 명을 뺀 11명이 방언을 받은 것이 아닙니다. 베드로가 설교할 때 고넬료 식구들에게도 그랬습니다. 그들은 한 명도 빠짐없이 다 방언을 말했습니다.

"베드로가 이 말을 할 때에 성령이 말씀 듣는 모든 사람에게 내려오시니 베드로와 함께 온 할례 받은 신자들이 이 방인들에게도 성령 부어 주심으로 말미암아 놀라니 이는 방언을 말하며 하나님 높임을 들음이러라."(행 10:44~46)

"이 말을 할 때에"는 '예수 이름을 힘입어 죄 사함을 받는다'는 내용을 말할 때를 가리킵니다. 그들이 예수 이름을 믿음과 동시에 성령이 임하고 방언을 함께 주셨습니다.

아무리 구제와 선행, 기도와 금식을 많이 해도 성령과 방언을 받을 수 없습니다. 오직 믿음과 은혜로 받습니다.

솔로몬보다 억만 배나 지혜로우신 예수님이 부활하신 후에 제자들에게 "믿는 자들은 내 이름으로 새 방언을 말한다"고 하셨고, 오순절에 예수님이 아버지께 성령을 받아 제자들에게 부어 주실 때 120명 중에 한 명도 빼지 않고 다 방언을 주셨습니다. 왜 그랬을까요? 하나님이 보실 때 방언이 그만큼 중요하고 꼭 필요한 은사였기 때문입니다.

방언 기도는 단순하지만 성령님의 임재하심과 기름 부으심을 풍성히 가져오는 최고 수준의 기도입니다.

"라라라라라 스라라, 바바바라라디야. 방언이 너무 단순하잖아요? 좀 복잡하고 유창해야지요."

무엇이든 복잡하다고 좋은 것이 아닙니다. 내가 모는 자동차는 운전하는 것이 복잡하지 않습니다. 왜일까요?

자율 주행 장치가 있기 때문입니다. 버튼을 누르면 "김열방 님, 다시 만나게 되어 반갑습니다"라고 인사하고 또 버튼을 누르면 차가 스스로 출발하고 브레이크를 밟습니다. 지금은 자연스럽지만 처음엔 너무 신기했습니다.

내 차가 앞 차로 달려가서 쾅 하고 충돌할 것 같았는데 스스로 두세 번 브레이크를 나눠 밟으며 정확한 거리를 두고 서는 것이었습니다. 그리고 앞 차가 출발하니까 내 차도 서서히 움직이며 달리기 시작했습니다. "창문 열어!"라고 말만 해도 창문이 열립니다. 과학이 발달할수록 모든 것이 단순해집니다. 물론 내부 장치는 좀 복잡하겠죠.

자동차는 10만 개의 부품, 비행기는 100만 개의 부품으로 구성되어 있다고 합니다. 속에 있는 그 모든 부품이 어떻게 가동되는지 다 이해하고 자동차나 비행기를 운전하거나 타는 사람은 없을 겁니다. 은사도 이와 같습니다.

방언도 겉으로 볼 때는 단순하게 "라라라 셀라드리" 하면서 반복하지만 내부는 일만 가지 이상의 복잡한 기도 내용이 들어 있습니다. 성령님이 말할 수 없는 탄식으로 성도를 위해 친히 간구하시기 때문입니다. 겉으로 볼 때 유창하고 요란한 방언이 아닌 단순한 방언을 말하십시오.

모든 것이 단순해지고 있습니다. 컴퓨터가 핸드폰 안에 들어왔고 "시리야!" 하고 부르면 알아듣고 궁금한 것을 물으면 검색까지 줍니다. 책을 편집할 때도 예전에는 하루 종일 일일이 키보드를 톡톡 누르며 작업해야 했던 것을 이제는 단축키 몇 번으로 끝냅니다. 번역도 쉽습니다. 책 한 권을 사진 찍으면 전체 문맥에 맞게 잘 번역해 줍니다.

하나님은 정말 지혜로우신 분입니다. 몸의 세계보다 마음의 세계는 더 복잡하고 영의 세계는 더 복잡합니다.

가장 복잡한 영의 세계를 가장 단순한 '방언'으로 가동되게 하셨습니다. 성령님의 기름 부으심이 나타나는 것도 가장 차원 높은 수준의 능력이 나타나는 것인데 '안수'라는 가장 단순한 기능을 통해 전달하게 하셨습니다.

구원 받는 것도 그렇습니다. 사람이 마음으로 믿어 의에 이르고 입으로 시인하여 구원에 이르게 하셨습니다.

이처럼 하나님은 모든 것을 단순화시키는 분이십니다. 그러기까지 엄청난 대가를 지불하셔야 했습니다. 우리가 구원 받은 것을 생각해 보십시오. 우리는 '공짜 구원, 거저 받는 구원'이라고 생각하지만 하나님 편에서는 그분의 독생자 예수 그리스도를 십자가에 매달아 피와 물을 쏟으며 값을 다 지불하신 것입니다. 우리가 치유 받고 건강해지는 것도 예수님이 채찍에 맞음으로 살이 찢겨 모든 병과 연약함을 다 담당하셨기 때문이라고 성경은 말씀합니다.

'성령님과 방언'이라는 은혜와 은사가 오기까지 예수님이 십자가에 달려 옆구리에 창이 찔려 물과 피를 쏟는 엄청난 대가를 지불하셔야 했습니다. 얼마나 감사합니까?

그 이전에는 성령님이 각 사람 속에 임하지 않으셨고 방언을 받았다는 기록도 없습니다. 성령님이 사람의 몸을 성전으로 삼고 내주하시게 된 놀라운 사건은 오순절 이후 부터입니다. 성령 강림은 예수님의 탄생만큼 중대한 사건 입니다. 육체로 오신 예수님이 영으로 오시는 사건이었기 때문입니다. 예수님이 제자들에게 "내가 갔다가 다시 너희 에게로 온다. 잠시 후면 너희가 나를 보지 못할 것이요 또 잠시 후면 너희가 나를 다시 보게 될 것이다"라고 하신 말 씀이 이루어지는 역사적인 성령 강림의 때에 다른 은사와 함께 방언을 드러나게 주셨습니다. 두 사람이 결혼할 때 다른 것을 선물로 줄 수 있겠지만 모든 사람이 보는 예식 장에서 서로에게 반지를 주는 것과 같습니다. 반지는 "나 는 당신을 영원히 사랑합니다"라는 언약의 표시입니다.

120명의 제자들에게 인을 치시고 성령을 보증으로 주 신 하나님이 그때 방언을 증표로 함께 주셨습니다.

예수님이 하신 약속의 말씀이 이루어진 것입니다.

"믿는 자들에게는 이런 표적이 따르리니 곧 저희가 내 이름으로 귀신을 쫓아내며 새 방언을 말하며."(막 16:17)

방언은 믿는 자들에게 예수 이름으로 주신 것입니다.

예언하는 자는 사람에게 말한다

"그러나 예언하는 자는 사람에게 말하여."(고전 14:3)

예언은 무엇입니까? 방언과는 전혀 다른 역할을 합니다. 방언은 하나님께 말하는 것이지만 예언은 사람에게 말하는 것입니다. 방향과 목적과 기능이 완전히 다릅니다.

성령을 받은 120명의 제자들이 모두 방언을 말하므로 그곳에 모인 사람들의 주목을 확 끌었지만 그들 중에 단 한 명도 구원시키지 못했습니다. 왜 그럴까요? 방언은 하나님께 말하는 것이기 때문입니다. 그때 언어의 문이 잠깐 열려 외국어로 하나님의 큰일을 말하기도 했지만 그 말을 듣고 놀라기만 했을 뿐 단 한 명도 구원받지 못했습니다.

그들은 다 놀라며 당황했습니다. 그리고 육신의 기준으로 술 취했다고 판단했습니다. "다 놀라며 당황하여 서로 이르되 이 어찌 된 일이냐 하며 또 어떤 이들은 조롱하여 이르되 그들이 새 술에 취하였다 하더라."(행 2:12~13)

그때 베드로가 서서 그들에게 설교하기 시작했습니다.

"베드로가 열한 사도와 함께 서서 소리를 높여 이르되 유대인들과 예루살렘에 사는 모든 사람들아 이 일을 너희로 알게 할 것이니 내 말에 귀를 기울이라."(행 2:14)

베드로의 이 설교를 듣고 그 날 3,000명이 회개하고 예수를 구주로 믿게 되었습니다. 지금도 성령이 임하고 방언을 받을 때 동시에 '외국어'가 열려 외국어로 어떤 내용을 몇 마디 말하는 경우가 있습니다. 그것도 일종의 초자연적인 일이긴 하지만 '초자연적인 기도 언어'는 아닙니다.

내가 20대에 여러 번 읽었던 멜 태리가 쓴 〈급하고 강한 바람처럼〉이란 책에 보면 그런 내용이 나옵니다.

기도하는 중에 급하고 강한 바람이 "휘익 휘익" 하고 불었고 갑자기 사람들이 방언을 말하기 시작했습니다. 그들 중에 몇 사람이 영어를 비롯한 몇 개 국어로 말하기 시작했습니다. 멜 태리도 나중에 미국에 선교사로 가게 되었는데 설교하려고 입을 여는 순간 영어가 나왔습니다. 이처럼 배우지 않은 외국어를 말하게 되는 것은 초자연적인 일이긴 하지만 바울이 말한 초자연적인 기도 언어는 아닙니다.

성령님은 모든 언어를 하루 만에 다 여실 수 있습니다.

하지만 오순절에 120명의 제자들의 처음에 받았던 방언은 외국어가 아닙니다. 그것은 하나님께 비밀을 말하는 영의 언어였던 것입니다. 어떻게 알 수 있냐고요? 베드로가 고넬료 집안에 가서 예수 이름을 전할 때 성령이 임했고 그때 그들은 한 명도 빠짐없이 방언을 말하며 하나님을 높였는데 베드로는 이 사건을 두고 "우리가 받은 것과 동일한 것을 받았다"고 했습니다. 고넬료 식구들은 외국어 방언을 받은 것이 아니라 영의 언어를 받았던 것입니다.

베드로는 그것을 보며 "이 사람들에게도 성령이 임했

다. 우리와 동일한 성령과 방언을 받았다"고 했습니다. 에베소 교인들도 외국어가 아닌 영의 언어를 받았습니다.

"예언하는 자는 사람에게 말한다"고 했습니다.

예언을 할 때 사람들이 변화됩니다. 방언만 하면 사람들이 알아듣지 못하고 이상하게 생각합니다. 하지만 방언을 통역하게 되면 그 중에 몇 마디가 예언이 되어 사람에게 말하는 것이 됩니다. 그때 하는 통역이 '일만 마디 방언'을 문자를 번역하는 것처럼 한마디씩 일대일로 끼워 맞춰 통역하는 것은 아닙니다. 통역과 번역은 다릅니다.

통역은 말의 의미를 전달하는 것이기 때문에 길게 말한 것을 짧게, 짧게 말한 것을 길게 통역할 수 있습니다.

예언하는 자는 사람에게 말하여 그를 변화시킵니다.

구약 시대의 예언은 '오실 그리스도에 대한 예언'이 많았습니다. 왕을 세우고 폐하는 예언과 나라에 대한 예언도 있었습니다. 지금의 예언은 무엇일까요? 하나님의 말씀을 통해 덕을 세우며 권면하며 위로하는 것입니다.

징계도 그렇습니다. 구약에는 하나님이 불이나 지진 등의 재앙을 통해 징계하신 적이 있습니다. 하지만 예수님이 십자가에서 우리 대신 징계를 받으신 후부터는 더 이상 그런 재앙을 통해 징계하지 않으십니다. "그가 징계를 받음으로 우리가 평화를 누린다"(사 53:5)고 했습니다.

예수님이 우리의 징계를 다 받으셨습니다. "징계는 다 받는 것이거늘 너희에게 없으면 사생자요 친아들이 아니니라"(히 12:8)고 했는데 어떤 징계일까요? 지금의 징계는 '말씀을 통한 징계'입니다. 어떻게 징계하신다고요?

'주의 말씀'을 통해서입니다. 주의 징계하심은 주의 말씀을 통한 권면과 꾸지람입니다. "또 아들들에게 권하는 것 같이 너희에게 '권면하신 말씀'도 잊었도다. 일렀으되 내 아들아 '주의 징계하심'을 경히 여기지 말며 그에게 '꾸지람'을 받을 때에 낙심하지 말라."(히 12:5)

세상에서 가장 강한 것은 지진이나 바람이나 불이 아닙니다. 그런 것들보다 억만 배나 강한 '주의 음성'이며 성경에 기록된 '주의 말씀'입니다. "또 지진 후에 불이 있으나 불 가운데에도 여호와께서 계시지 아니하더니 불 후에 세미한 소리가 있는지라."(왕상 19:12)

예언은 덕을 세우며 권면하며 위로하는 것이다

"덕을 세우며 권면하며 위로하는 것이요."(고전 14:3)

지금의 예언은 덕을 세우며 권면하며 위로하는 것입니다. 누군가 예언할 때 그것이 덕을 세우는지 분별하십시오. 권면하는지 분별하십시오. 위로하는지 분별하십시오.

덕을 세우지 못하고 권면하지 못하고 위로하지 못하는 예언을 하면 잘 분별해야 합니다. 성내며 교회를 무너뜨리고 정죄하고 책망하는 예언은 분별해야 합니다.

"성령님이 책망하신다고 했잖아요?"

맞습니다. 무엇에 대해서 책망할까요?

"그가 와서 죄에 대하여 의에 대하여 심판에 대하여 세상을 책망하시리라"(요 16:8)고 했습니다. 세상을 책망한다고 했습니다. 하나님의 자녀에 대해 끝도 없이 책망하시는 것이 아닙니다. 그것도 믿지 않는 것을 책망하십니다.

"죄에 대하여라 함은 그들이 나를 믿지 아니함이요 의에 대하여라 함은 내가 아버지께로 가니 너희가 다시 나를 보지 못함이요 심판에 대하여라 함은 이 세상 임금이 심판을 받았음이라."(요 16:9~11)

이 세상 임금은 심판을 받았습니다.

성령님은 그리스도 안에 있는 사람들의 이미 사함 받은 죄를 자꾸 들추어내며 책망하시는 분이 아닙니다. 다른 사람의 죄를 보려고 하지 말고 늘 자신을 돌아보십시오.

다른 사람의 눈에 있는 티를 보려고 하지 말고 자신의 눈에 있는 들보를 봐야 합니다. 예언의 은사를 받았다고요? 그래서 다른 사람의 허물과 죄가 보인다고요? 그럴 때

'성령님, 어떻게 할까요?'라고 물으십시오. 그리고 모든 사람에 대하여 온유하십시오. "주의 종은 마땅히 다투지 아니하고 모든 사람에 대하여 온유하며 가르치기를 잘하며 참으며 거역하는 자를 온유함으로 훈계할지니, 혹 하나님이 그들에게 회개함을 주사 진리를 알게 하실까 하며 그들로 깨어 마귀의 올무에서 벗어나 하나님께 사로잡힌바 되어 그 뜻을 따르게 하실까 함이라."(딤후 2:24~26)

그리고 성경은 다른 사람의 죄에 간섭하지 말라고 했습니다. "다른 사람의 죄에 간섭하지 말며 네 자신을 지켜 정결하게 하라."(딤전 5:22) 자신의 일을 돌아보십시오.

다른 사람의 문제는 성령님께 양도하십시오.

"성령님, 그 사람의 문제를 양도합니다."

방언을 말하는 자는 자기의 덕을 세운다

"방언을 말하는 자는 자기의 덕을 세우고."(고전 14:4)

다시 말하지만 "방언을 받은 자"가 아닌 "방언을 말하는 자"입니다. 방언을 받아 놓고 말하지 않으면 아무 소용없습니다. 방언은 말할 때 자기의 덕이 세워집니다.

"덕을 세운다"는 말은 '믿음의 집을 건설한다, 배터리를 급속도로 충전한다, 내 안에 있는 능력을 휘저어 파도처럼 크게 일으킨다, 함께 버텨 준다' 등의 뜻이 있습니다.

이것을 정리하면 다음과 같습니다.

"방언으로 기도할 때 내 믿음의 집을 높이 건설하게 된다. 나의 영적인 배터리를 급속도로 충전하게 되고 내 안에 있는 능력을 휘저어 파도처럼 크게 일으키게 된다. 내가 기도하는 문제에 대해 성령님이 함께 맞서서 싸워 주신다."

방언은 교회의 덕을 세우는 것이 아닙니다. 하지만 내가 먼저 세워지지 않고 어떻게 다른 사람을 세워 주겠습니까? 내가 죄와 목마름, 병과 가난, 어리석음과 징계와 죽음 가운데 거한다면 다른 사람을 세울 수 없습니다.

내가 먼저 의와 성령 충만, 건강과 부요함, 지혜와 평화와 생명으로 가득해야 다른 사람을 세울 수 있습니다.

그래서 예수님은 큰 무리가 오는데도 그 자리를 떠나 한적한 곳에 가서 오래 기도하셨던 것입니다. "예수는 물러가사 한적한 곳에서 기도하시니라."(눅 5:16)

그분은 새벽에 가장 먼저 자신을 세우기 위한 사역을 하셨습니다. 무엇일까요? 오래 기도하신 것입니다. "새벽 아직도 밝기 전에 예수께서 일어나 나가 한적한 곳으로 가사 거기서 기도하시더니."(막 1:35) 우리도 그래야 합니다. 오래 기도하기에 가장 좋은 은사가 방언입니다.

예수님이 방언으로 기도했다는 내용은 성경에 없지만 예수의 영이신 성령님이 오시면 방언을 하게 된다고 하셨습니다. "내 이름으로 새 방언을 말하며."(막 16:17)

누가복음 24장 49절에는 예수님이 제자들에게 "볼지어다. 내가 내 아버지께서 약속하신 것을 너희에게 보내리니 너희는 위로부터 능력으로 입혀질 때까지 이 성에 머물라"고 지시했는데 이때 위로부터 능력으로 입혀질 때 120명 모두에게 무엇이 동시에 나타났습니까? 방언입니다.

사도행전 1장 8절에는 "오직 성령이 너희에게 임하시면 너희가 권능을 받고, 내 증인이 되리라"고 했는데 이때 그들이 약속하신 권능을 받은 것을 어떻게 알 수 있었겠습니까? 그들 모두 즉시 방언을 말했다는 사실입니다. 이는 방언을 받은 사람은 권능을 받았다는 사실을 보여줍니다.

방언을 받은 당신은 이미 권능을 받았습니다.

하나님이 보실 때 각각의 그리스도인들은 먼저 자기의 믿음의 집을 세우는 일을 해야 하기 때문에 방언을 주신 것입니다. 나도 그렇습니다. 내가 방언으로 몇 시간 기도하면 믿음의 집이 튼튼하게 세워집니다. 그러면 담대하게 말씀을 전하게 되고 손을 내밀어 안수할 때 성령님의 기름 부으심이 강하게 나타나게 됩니다. 안수 받는 사람들에게 즉시 성령이 임하고 귀신이 쫓겨 나가고 병이 낫습니다.

예언하는 자는 교회의 덕을 세운다

"예언하는 자는 교회의 덕을 세우나니."(고전 14:4)
방언은 개인의 덕을 세우고 예언은 교회의 덕을 세웁니다. 어떤 것이 중요합니까? 둘 다 중요합니다. 어떤 것이 우선입니까? 방언을 말하는 것이 우선입니다. 자기의 믿음의 집을 먼저 세워야 교회를 세울 수 있기 때문입니다.

하나님은 어떤 일을 하실 때 순서를 중요하게 여기십니다. 성경에 "예언도 하고 방언도 했다"는 구절은 없습니다. "방언도 하고 예언도 했다"(행 19:6)고 했습니다.

방언을 많이 하고 예언을 특별히 하기 바랍니다.

나는 너희가 다 방언 말하기를 원한다

"나는 너희가 다 방언 말하기를 원하나."(고전 14:5)
이 말씀은 바울이 한 말이지만 성령에 감동되어 주어진 하나님의 말씀입니다. 성령님과 바울은 우리 모든 사람이 한 명도 빠짐없이 다 방언 받는 것뿐만 아니라 다 방언 말하기를 원합니다. 하나님께서 당신에게 말씀하십니다.

"나는 너희가 다 방언 말하기를 원한다."

"나는 너희가 다 방언 받기를 원한다"고 하지 않았습니다. "나는 너희가 다 방언 말하기를 원한다"고 했습니다.

이 말씀은 다 방언을 받아야 한다는 것을 전제로 하고 있습니다. 어떤 사람도 방언을 받지 않았는데 말할 수는 없습니다. 많은 사람들이 이런 질문을 합니다.

"내가 방언을 받는 것이 진짜 하나님의 뜻인가요?"

그때 나는 이 구절을 읽어 줍니다.

"나는 너희가 다 방언 말하기를 원한다."

먼저 방언을 받아야 말할 수 있습니다. 방언은 성령님의 나타나심이므로 받지 않고 스스로 말할 수는 없습니다.

120명의 제자들이 오순절에 성령을 받을 때 한 명도 빠짐없이 다 방언을 받았습니다. 다 받았기 때문에 다 말하기를 시작한 것입니다. 한 명을 뺀 119명만 받은 것이 아닙니다. 이렇게 말한 사람이 한 명이라도 있었을까요?

"내가 방언을 말하는 것이 하나님의 뜻인지 아직 정확하게 모르겠고 또 신학적으로 검증되지도 않았는데 이렇게 방언을 큰 소리로 말해도 되나? 다들 놀라잖아."

아닙니다. 그들은 성령을 받는 순간 방언도 자연스럽게

다 받았고 또 자연스럽게 그 방언을 다 말했습니다.

성경에 방언을 받은 사건들을 보십시오.

고넬료 식구들이 한 명도 빠짐없이 다 방언을 받아 말했고 에베소 교인들도 한 명도 빠짐없이 다 방언을 받아 말했습니다. 당신도 방언을 받아 말하는 것이 하나님의 뜻입니다. 하나님의 말씀이 "나는 너희가 다 방언 말하기를 원한다"고 하면 뒤로 빼지 말고 덩실덩실 춤추며 "아멘" 하는 것이 옳습니다. 그러면 다 받고 다 말하게 됩니다.

특별히 예언하기를 원하노라

"특별히 예언하기를 원하노라."(고전 14:5)

예언은 특별히 하는 것입니다. 그런데 31절에 보면 "너희는 다 모든 사람으로 배우게 하고 모든 사람으로 권면을 받게 하기 위하여 하나씩 하나씩 예언할 수 있느니라"고 했기 때문에 모든 사람이 예언할 수 있다고 나옵니다.

이 말은 무엇을 의미할까요? "특별히"는 '두 사람 중에 한 사람이 특별히 한다'는 것입니다. 예언은 방언과는 그 사용하는 방향과 목적이 다릅니다. 무엇일까요? 예언은 자신이 아닌 교회의 덕을 세우기 위해 하는 것입니다.

이 구절은 교회에서 방언과 예언을 어떻게 사용해야 하는 지를 말하는 것입니다. 교회 앞에서 방언을 말할 때는 다른 사람이 통역을 해야 교회 전체에 덕이 된다는 것입니다. "만일 방언을 말하는 자가 통역하여 교회의 덕을 세우지 아니하면 예언하는 자만 못하니라."(고전 14:5)

내가 너희에게 나아가서 방언으로 말하고

"그런즉 형제들아, 내가 너희에게 나아가서 방언으로 말하고 계시나 지식이나 예언이나 가르치는 것으로 말하지 아니하면 너희에게 무엇이 유익하리요?"(고전 14:6)

"내가 너희에게 나아가서 방언으로 말하고"라는 내용에 주의해야 합니다. 이것은 하나님께 기도하기 위해 방언을 말하는 것과 다릅니다. "내가 너희에게 나아가서"는 교회 앞에서 사역하는 것을 말합니다. 그때는 방언만 말해서는 안 된다는 것입니다. 통역을 해서 알아듣게 해야 합니다.

교회 앞에서 하나님의 말씀을 전달하는 사람은 모든 사람들이 분명히 알아듣는 소리를 내야 합니다. "혹 피리나 거문고와 같이 생명 없는 것이 소리를 낼 때에 그 음의 분별을 나타내지 아니하면 피리 부는 것인지 거문고 타는 것인지 어찌 알게 되리요 만일 나팔이 분명하지 못한 소리를 내면 누가 전투를 준비하리요."(고전 14:7~8)

분명히 알아듣는 소리는 무엇일까요? 혀로써 알아듣기 쉬운 말을 하는 것입니다. "이와 같이 너희도 '혀로써 알아듣기 쉬운 말'을 하지 아니하면 그 말하는 것을 어찌 알리요 이는 허공에다 말하는 것이라. 이같이 세상에 소리의 종류가 많으나 뜻 없는 소리는 없나니 그러므로 내가 그 소리의 뜻을 알지 못하면 내가 말하는 자에게 외국인이 되고 말하는 자도 내게 외국인이 되리니."(고전 14:9~11)

이것은 설교할 때 특히 주의해야 할 사항입니다.

혀로써 알아듣기 쉬운 말을 해야 합니다.

책을 쓸 때도 쉽게 써야 합니다.

너희도 영적인 것을 사모하는 자인즉

"그러므로 너희도 영적인 것을 사모하는 자인즉."(고전 14:12) 당신은 영적인 것을 사모합니까? 나는 많이 사모합니다. 그래서 간절히 구했고 풍성히 받았습니다.

어떤 것이든 사모하지 않는데 왜 하나님이 그것을 주겠습니까? 예수님은 "거룩한 것을 개에게 주지 말며 너희 진주를 돼지 앞에 던지지 말라. 그들이 그것을 발로 밟고 돌이켜 너희를 찢어 상하게 할까 염려하라"(마 7:6)고 했습니다. 물론 하나님의 자녀는 개나 돼지가 아닙니다. 하지만 깨닫지 못하면 개나 돼지처럼 행동할 수도 있습니다.

어떤 것이든 그것이 귀하다는 것을 깨닫지 못한 사람에게는 그것을 주기 이전에 먼저 가르쳐서 깨닫게 해야 합니다. 바울은 말했습니다. "형제들아, 신령한 것에 대하여 나는 너희가 알지 못하기를 원하지 않는다."(고전 12:1)

하나님은 당신이 신령한 것에 대해 알기를 원하십니다.

신령한 것에 대해 알고자 공부하십시오.

교회의 덕을 세우기 위하여

"교회의 덕을 세우기 위하여."(고전 14:12)

왜 영적인 은사들을 구해야 할까요? 분명한 목적이 있습니다. 그것은 곧 교회의 덕을 세우기 위해서입니다.

자신이 유명해지거나 큰 인물이 되기 위해서가 아닙니다. 모든 은사는 교회를 섬기라고 주신 것입니다.

성령의 은사에 대해 갈구하십시오. 있어도 그만, 없어도 그만이 아닙니다. 성령의 은사가 없으면 아무것도 할 수 없다는 절박한 마음을 가져야 합니다.

그것이 풍성하기를 구하라

"그것이 풍성하기를 구하라."(고전 14:12)

많은 사람들이 어느 정도 영적인 경험을 하면 거기에서 멈추고 안주합니다. 그들은 말합니다. "이미 몇 가지 은사가 있는데 뭘 또 구해?" 그렇지 않습니다. 그 은사를 더욱 넘치게 받기를 힘써야 합니다. 한 번에 모든 은사를 다 주시면 좋겠지만 주님께서는 그렇게 하지 않고 우리에게 은사를 사모하고 구하라고 말씀하셨습니다.

방언을 말하는 자는 통역하기를 기도하라

"그러므로 방언을 말하는 자는 통역하기를 기도할지니."(고전 14:13) 당신은 방언을 말하고 있습니까? 그러면 통역하기를 기도해야 합니다. 여기서 "통역 받기를 기도하라"고 하지 않고 "통역하기를 기도하라"고 했습니다.

당신이 방언을 통역하지 못하는 것은 그 은사를 안 받

아서가 아닙니다. 통역하기를 기도하지 않았기 때문입니다. 방언을 말한 다음에 마음속으로 '성령님, 이 방언이 무슨 뜻인지 통역하게 해주세요'라고 기도하면 성령님이 알게 해주십니다. 이때 일만 마디를 다 통역하게 해주시는 것은 아닙니다. 당신에게 일만 마디가 필요하지 않기 때문입니다. 단지 당신에게 꼭 필요한 몇 마디를 주십니다.

자동차도 그렇습니다. 고객이 묻는다고 제조사나 정비사가 '자동차에 대한 모든 지식'을 다 말해 주지 않습니다. 고객에게 필요한 몇 마디만 해줍니다. 의사나 약사 등 다른 모든 전문가들이 그렇습니다. 성령님이 일만 마디가 아닌 억만 마디를 아신다고 해서 다 통역하게 해 주지 않으십니다. 당신에게 꼭 필요한 몇 마디만 해석해 주십니다.

하지만 당신이 그 몇 마디를 알고 모르고는 매우 중요한 일입니다. 그러므로 방언만 말하지 말고 통역하기를 기도하십시오. "통역하기를 기도할지니"라고 했는데 왜 통역하기를 기도하지 않습니까? 지금부터 실천하십시오.

"성령님, 이 방언이 무슨 뜻인가요?"

내가 만일 방언으로 기도하면

"내가 만일 방언으로 기도하면."(고전 14:14)

방언은 기도입니다. 기도는 사람에게 하는 것이 아닌 하나님께 하는 것입니다. 당신이 방언으로 기도하는 것은 당신의 영이 하나님께 기도하는 것입니다. 이것은 당신의 마음과 몸으로 하는 기도보다 더 높은 차원의 기도입니다.

방언은 영으로 하는 가장 고차원적인 기도입니다.

나의 영이 기도하거니와

"나의 영이 기도하거니와."(고전 14:14)

방언은 당신의 영이 기도하는 것입니다. 이것은 구약 4,000년 동안 없었습니다. 그동안 마음과 몸으로만 기도했는데, 이제는 영으로 기도할 수 있게 되었습니다.

"방언으로 기도하면 나의 영이 기도하거니와"라고 했습니다. "방언으로 기도하면 주의 성령이 기도하거니와"라고 하지 않았습니다. 당신이 입을 열어 방언으로 기도할 때 당신의 영이 기도하게 되고 내용은 성령님이 주십니다.

오순절에도 120명의 제자들이 입을 열어 방언을 말했습니다. "그들이 방언을 말하기를 시작했다"고 했습니다.

그 내용은 성령님이 주셨습니다. "성령이 말하게 하심

을 따라"라고 했기 때문입니다. 방언은 방언하는 사람의
제제를 받습니다. 방언을 말하고 멈추고는 방언하는 사람
이 정하는 것입니다. 그 내용은 성령님이 주십니다.

나의 마음은 열매를 맺지 못하리라

"나의 마음은 열매를 맺지 못하리라."(고전 14:14)

당신이 방언으로 기도하면 당신의 영은 기도하지만 당
신의 마음은 아무런 열매를 얻지 못합니다. 이것이 정상입
니다. 이 부분에 있어 많은 사람들이 힘들어 합니다.

"방언 기도를 할 때 잡생각이 나요. 아무 열매 없이 몇
시간 흘려보낸 것 같아요. 어떻게 하면 될까요?"

그래서 바울은 방법을 이야기했습니다. "그러면 어떻게
할까? 내가 영으로 기도하고 또 마음으로 기도하며 내가
영으로 찬송하고 또 마음으로 찬송하리라."(고전 14:15)

방언으로 기도하고 또 한국말로 기도하며, 방언으로 찬
송하고 또 한국말로 찬송하면 된다는 것입니다.

나도 그렇게 기도합니다. 나는 하루에 7시간~10시간씩
방언 기도를 하는데 그때 한국말을 섞어 기도합니다.

하나님께 구체적으로 무엇인가를 구할 때는 한국말로

짧은 문구를 만들어 기록한 후에 한두 번 말씀드립니다. 그렇게 함으로 내가 구하는 것을 정확하게 알고 또 내가 구한 그것을 정확하게 받았다는 것을 알게 됩니다.

또한 방언으로 기도할 때 내 마음은 열매를 맺지 못하기 때문에 눈을 뜨고 성경을 보면서 기도합니다. 방언으로 3시간을 기도하면 성경도 3시간 읽게 되는 것입니다.

오늘도 방언으로 10시간 기도했는데 성경도 10시간 읽었습니다. 이때 통독하듯이 많은 진도를 나가는 것이 아니라 그냥 눈을 뜨고 한 구절씩 편하게 봅니다. 그렇게 영으로 기도하면서 성경을 보면 엄청난 깨달음이 옵니다.

말씀이 깨달아지면 너무 좋아 그 말씀을 붙들고 기도합니다. 기도하는 중간에 종종 일어나서 두 손을 들고 기도하기도 하고 무릎 꿇고 간절히 구하기도 합니다.

이래서 나는 마음은 열매를 맺지 못하는 방언 기도가 너무 좋습니다. 시간을 배로 사용할 수 있기 때문입니다.

비행기 기장이 자율 주행으로 설정해 놓고 비행기를 운전하면서 다른 일을 할 수 있는 것과 같습니다.

하나님의 방법은 정말 지혜롭고 탁월합니다.

네가 영으로 축복할 때에

"그렇지 아니하면 네가 영으로 축복할 때에 알지 못하는 처지에 있는 자가 네가 무슨 말을 하는지 알지 못하고 네 감사에 어찌 아멘 하리요."(고전 14:16)

이 책을 읽으면서 왜 갑자기 책 제목인 〈축복 기도〉와 상관없는 것 같은 '방언'에 대한 것을 이렇게 길게 말할까 하고 의아심이 들 것입니다. 방언은 축복 기도입니다.

방언은 '영으로 축복 기도하는 것'입니다.

바울은 "네가 영으로 축복할 때에"라고 했습니다. 이 말은 곧 "네가 방언으로 축복할 때에"라는 말입니다. 누구를 축복합니까? 첫째는 자신을 축복하는 것이고 그 다음엔 다른 사람을 축복하는 것입니다. 당신이 방언으로 기도할 때 끝도 없이 자신을 축복하게 됩니다. 자신을 위해 복을 비는 기도를 한다는 말입니다. 축복의 내용은 그 방언 안에 성령님이 담아 주십니다. 다른 사람의 이름을 부른 후에 방언으로 기도하면 그 사람을 축복하는 것이 됩니다.

나는 주의 종들에게 다른 사람을 안수하며 축복 기도할 때 한국말로만 하지 말고 방언을 섞어 하라고 권합니다.

"다른 사람에게 안수할 때 방언을 몇 마디 섞어서 기도해 주세요. 그러면 영으로 그 사람을 축복하게 됩니다. 그때 기도 내용은 성령님이 주십니다. 그러면 축복 기도를 받는 사람에게 즉시 성령과 은사와 응답이 임합니다."

나는 20대부터 지금까지 전국과 세계를 다니며 수많은 사람에게 안수했습니다. 그들에게 손을 얹고 한국말로 한두 마디 한 후에 방언으로 기도하면 즉시 성령이 임했고 그들 모두 방언을 받았습니다. 그리고 귀신이 쫓겨 나가고 병이 나았고 각종 성령의 은사들이 불같이 일어났습니다.

내가 만일 그들에게 영으로 축복하지 않고 한국말로만 축복했다면 그런 표적과 기사들이 나타나지 않았을 것입니다. 방언 곧 영으로 축복하는 것은 엄청난 힘이 있습니다. 그렇다고 영으로만 축복하면 안 됩니다. 왜일까요?

"너는 감사를 잘하였으나 그러나 다른 사람은 덕 세움을 받지 못하리라"(고전 14:17)고 했기 때문입니다.

내가 방언으로 축복했는데 바울은 그것을 두고 "너는 감사를 잘했다"고 말씀합니다. 그렇습니다. 방언은 감사하며 축복하는 영의 기도이며 엄청난 힘이 있습니다.

방언이 무엇이라고요?

방언은 100퍼센트 감사 기도입니다.
방언은 100퍼센트 축복 기도입니다.
방언은 100퍼센트 영의 기도입니다.
방언은 100퍼센트 찬미 기도입니다.

방언 기도는 육신의 기도가 아닙니다. 방언 기도는 원망의 기도가 아닙니다. 방언 기도는 저주하는 기도가 아닙니다. 방언 기도는 자아의 기도가 아닙니다. 방언을 많이 말하는 사람은 하나님이 보실 때 영적이고 겸손한 사람이며, 감사하고 축복하는 사람이며, 기도의 사람입니다.

"마음"은 다른 말로 '자아'(自我)라고도 표현합니다.

당신이 가만히 들어보면 당신 안에서 '끝도 없이 떠드는 소리, 쉬지 않고 지껄이는 소리'가 들릴 것입니다.

'저 사람은 왜 저렇게 뒤뚱뒤뚱 걷지?'
'저 차가 미쳤구먼. 깜박이도 안 켜고 들어오네.'
'아, 또 전화 왔네. 결제를 못하면 어떻게 하지?'
'몸이 좀 안 좋네. 혹시 암은 아닐까?'

이런 걸 "생각"이라고 하는데 '자아가 떠드는 소리'입니다. 자아는 끊임없이 걱정하고 염려하고 근심합니다. 불안해하고 불평합니다. 온갖 악한 생각을 하며 분노합니다.

세상 종교는 이러한 자아의 소리를 잠잠케 해야 한다며 마음속으로 '무!'라고 외치라고 가르칩니다. 그런다고 자아가 떠드는 소리가 사라지는 것은 아닙니다. 떠드는 자아가 '무'라는 말을 하도록 길들이는 것인데 그걸 계속하다

보면 나중에는 귀신과 지옥이 보여 덜덜 떨게 됩니다.

자아는 자기가 선악을 판단하며 주인 행세하려고 하기 때문에 끝도 없이 원망하고 불평하며 하나님께 대듭니다.

사람의 자아는 하루에 오만 가지 생각을 한다고 합니다. 모두 잡생각입니다. 이처럼 자아 곧 마음의 생각은 순간마다 날뛰며 끝도 없이 이랬다저랬다 바뀝니다. 이런 마음은 주의 말씀으로 날마다 새롭게 함으로 변화를 받아야 합니다. 성경은 자아의 마음에 대해 이렇게 말합니다.

"네 마음에 누가 하늘에 올라가겠느냐 하지 말라 하니 올라가겠느냐 함은 그리스도를 모셔 내리려는 것이요 혹은 누가 무저갱에 내려가겠느냐 하지 말라 하니 내려가겠느냐 함은 그리스도를 죽은 자 가운데서 모셔 올리려는 것이라."(롬 10:6~7) 자아는 깨어지고 죽어야 합니다. 그러면 마음으로 믿고 입으로 시인하는 자아가 됩니다.

"네가 만일 네 입으로 예수를 주로 시인하며 또 하나님께서 그를 죽은 자 가운데서 살리신 것을 네 마음에 믿으면 구원을 받으리라. 사람이 마음으로 믿어 의에 이르고 입으로 시인하여 구원에 이르느니라."(롬 10:9~10)

하지만 이런 자아의 마음은 옛 습관이 있기 때문에 자꾸 의심하고 불평합니다. 그런 자아의 마음으로만 기도하는 것은 하나님의 기뻐하시고 선하시고 온전하신 뜻을 따라 기도하는 것이 될 수 없습니다. 영은 그렇지 않습니다.

시편 37편 7~8절에 이렇게 말씀합니다. "여호와 앞에 잠잠하고 참고 기다리라. 자기 길이 형통하며 악한 꾀를 이루는 자 때문에 불평하지 말지어다. 분을 그치고 노를 버리며 불평하지 말라. 오히려 악을 만들 뿐이라."

이처럼 마음은 불평하고 분노하지만 영은 잠잠히 참고 하나님을 바라봅니다. "나의 영혼이 잠잠히 하나님만 바람이여, 나의 구원이 그에게서 나오는도다."(시 62:1)

우리는 영을 좇아 기도하고 성령 안에서 기도해야 합니다. 바울은 그런 이유에서 다른 사람을 위해 기도할 때도 마음이 아닌 "성령 안에서 기도하라"고 했습니다.

에베소서 6장 18절을 보면 "모든 기도와 간구를 하되 '항상 성령 안에서 기도하고' 이를 위하여 깨어 구하기를 항상 힘쓰며 여러 성도를 위하여 구하라"고 했습니다.

"여러 성도를 위하여 구하라"고 했는데 이때 마음으로만 기도해서는 뭔가 부족합니다. 당신이 그들의 형편과 속사정을 다 알 수 없기 때문입니다. 그래서 "모든 기도와 간구를 하되, 항상 성령 안에서 기도하라"고 한 것입니다.

"성령 안에서 기도하라"는 말은 '성령님의 나타나심 안에서 기도하라'는 뜻입니다. 어떻게 그것이 가능합니까?

방언으로 기도하면 됩니다. 방언을 통해 영으로 기도할

때 성령님의 나타나심이 있게 됩니다. 기도할 때 성령님의 나타나심은 '방언의 은사'입니다. 치유할 때 성령님의 나타나심은 '병 고치는 은사'입니다. 설교할 때 성령님의 나타나심은 '지혜의 말씀의 은사'입니다.

그러므로 자신을 축복할 때나 다른 사람을 축복할 때 방언이 엄청난 유익을 줍니다. 방언을 많이 말해야 합니다. 바울은 말했습니다. "내가 너희 모든 사람보다 방언을 더 말하므로 하나님께 감사하노라."(고전 14:18) 고린도 교회에 방언을 말하는 사람 중에 1시간, 2시간, 5시간 하는 사람이 있었다면 바울은 10시간, 12시간 했다는 말입니다. 여기서 양을 말합니다. 방언은 양이 중요합니다.

기도에서 양이라고 말할 때는 '오랜 시간'을 의미합니다. 예수님은 몇 시간 또는 한나절이나 종일 기도하셨습니다. 예수님은 다른 어떤 제자들보다 기도를 많이 하셨습니다. 그분은 새벽 미명에 오래 기도하셨고 낮에도 한적한 곳에 가서 오래 기도하셨고 밤 새워 오래 기도하셨습니다.

우리도 예수님과 바울처럼 오래 기도해야 합니다.

물론 예수님은 은밀히 혼자 기도하셨고 방언 기도를 했다는 내용은 성경에 없습니다. 하지만 예수님을 가장 많이 닮으려고 애썼던 바울은 방언 기도를 많이 했고 또 한다고 했습니다. "예수님이 방언을 했다는 기록이 없으니 나도 방언을 안 하겠다"고 말하기보다는 "내가 그리스도를 본받는 자가 된 것 같이 너희는 나를 본받는 자가 되라"(고전 11:1)고 한 바울처럼 기도하는 것이 지혜로운 것입니다.

바울은 방언을 많이 말했습니다. "내가 너희 모든 사람보다 방언을 더 말하므로 하나님께 감사하노라."(고전 14:18) 이 말을 두고 어떤 번역에는 "나는 여러분 가운데 누구보다도 더 많이 방언을 말할 수 있음을 하나님께 감사합니다"라고 기록했고 어떤 신학자는 "바울은 고린도 교인들 모두를 합친 것보다 더 많이 방언 기도를 했다"고 해석합니다. 어쨌든 바울은 방언을 아주 많이 말했습니다.

바울은 "내가 너희 모든 사람보다 방언을 더 크고 유창하고 아름답고 멋있게 말한다"고는 하지 않았습니다.

그는 방언을 양으로만 비교했습니다. 왜일까요?

자랑하기 위함이 아닙니다. 자신이 받은 은사를 자랑하기 좋아하는 아이 같은 고린도 교인들에게 "그러지 말고 많이 방언을 말하라"고 강력한 동기 부여를 하기 위함입니다. 은사는 받는 것에서 머물지 말고 최대한 많이 사용해야 합니다. 자신의 덕을 세우는 일이든 교회를 세우는 일이든 은사를 받았으면 최대한 많이 사용해야 합니다.

교회에서 네가 남을 가르치기 위하여

"그러나 교회에서 네가 남을 가르치기 위하여 깨달은 마음으로 다섯 마디 말을 하는 것이 일만 마디 방언으로 말하는 것보다 나으니라."(고전 14:19)

여기에 '일만 마디 방언과 다섯 마디 가르침'에 대한 내용이 나옵니다. 방언의 가치를 모르는 사람들은 말합니다.

"일만 마디 방언을 말하는 것이 뭐 중요해. 아무것도 아니야. 알아듣는 말로 다섯 마디 하는 것이 낫다고 했잖아."

아닙니다. 성경을 자세히 정확하게 읽어야 합니다.

바울은 방언이 가치 없다고 말하기 위해 이 구절을 기록한 것이 아닙니다. 이 구절에서 무엇을 말씀합니까?

"교회에서 네가 남을 가르치기 위하여"라고 했습니다.

이 말은 혼자 하나님께 기도하기 위해서는 일만 마디 방언으로 말하는 것이 필요하지만 교회에서 남을 가르치기 위해서는 깨달은 마음으로 다섯 마디 말하는 것이 더 낫다는 것입니다. 각각의 위치와 역할이 다를 뿐입니다.

자동차와 비행기, 배의 위치와 역할이 다른 것과 같습니다. 자동차는 도로를 달리고 비행기는 하늘을 날며 배는 물 위를 떠다닙니다. 각기 용도가 다른 것입니다.

방언은 하나님께 말하는 것이고 가르치는 것은 교회에

서 사람들에게 말하는 것입니다. 방언은 영의 기도이므로 하나님께 일만 마디를 하며 기도하는 것이 좋습니다.

바울은 자신이 방언을 많이 말한다고 고백하며 자기로 하여금 그렇게 방언을 많이 말하게 하신 하나님께 감사한다고 했습니다. 당신도 방언을 많이 말하기 바랍니다.

가르치는 것은 일만 마디를 하면 안 됩니다. 사람들이 다 감당할 수 없기 때문입니다. 다섯 마디만 해도 다들 힘들어합니다. 설교자가 마이크를 쥐고 교회 앞에 서서 "첫째, 둘째, 셋째" 하면 벌써 첫째가 뭔지 잊습니다.

"넷째, 다섯째" 하면 부담을 느끼고 힘들어 합니다.

물론 공책에 받아 적는 사람은 좀 덜하겠죠. 하나님의 말씀인 성경 구절은 한 구절에만도 다섯 마디가 넘고 깨달음은 수백 가지가 넘습니다. 요한복음 3장 16절만 봐도 그렇습니다. 그 한 구절에 다섯 마디가 넘고 온 세상을 향한 하나님의 계획과 사랑이 다 담겨 있습니다.

정말 그런지 볼까요? "하나님이, 세상을, 이처럼, 사랑하사, 독생자를, 주셨으니, 이는, 저를 믿는 자마다, 멸망치 않고, 영생을, 얻게 하려 하심이라."(요 3:16)

엄청나지 않습니까? 이 한 구절만 갖고도 수만 편의 설교와 수백 권의 책이 나왔습니다. 그 이상일 것입니다.

나는 성경을 한 구절씩 암송할 때마다 많이 놀랍니다.

'이렇게 많은 깨달음이 담겨 있다니, 놀라워.'

성경 한 구절에 왜 이렇게 깨달음이 많을까요? 깨달음으로 지혜가 더해지고 장성한 사람이 되기 때문입니다.

지혜에는 아이가 되지 말라

"형제들아, 지혜에는 아이가 되지 말고 악에는 어린 아이가 되라. 지혜에는 장성한 사람이 되라."(고전 14:20)

여기서 말하는 지혜는 은사를 알고 사용하는 신령한 지혜를 가리킵니다. 그것에 대해 아무것도 모르는 아이처럼 되지 말고 지각을 사용하므로 선악을 분별하는 것처럼 모든 것을 분별하며 지혜롭게 잘 사용하는 자가 되라는 것입니다. 지혜의 뜻은 한 마디로 '활용하다'입니다.

은사를 부정적으로 생각하며 사모하지 않고 구하지 않는 것도 문제지만 은사를 긍정적으로 생각하며 사모하고 구해서 받은 후에도 아이처럼 지혜가 없어 그것을 제대로 활용하지 못하면 없는 것이나 마찬가지입니다.

하나님이 보시는 악은 사람들이 보는 악과 다릅니다.

사람들은 자기에게 해롭게 하면 악이라고 말하지만 하나님은 육신의 힘으로 살아가는 것을 악이라고 하십니다.

그래서 예수님이 서기관, 바리새인, 제사장 등 그 당시 율법주의자들을 향해 "독사의 새끼들아, 뱀들아, 너희가 어찌 지옥의 판결을 피하겠느냐?"며 책망하셨던 것입니다.

고린도전서 14장에서 말하는 악은 성령님의 나타나심을 무시하고 육신의 나타남을 통해 일하는 것을 말합니다.

혹시 성령님을 무시하고 내 힘으로 일하지 않습니까?

회개하고 돌이켜야 합니다. 성령님을 죽도록 의지해야 합니다. 그것을 하나님은 선과 지혜로 여기십니다.

악은 아이처럼 몰라도 됩니다. 지혜에는 아이가 되지 말아야 합니다. 지혜에는 장성한 사람이 되어야 합니다.

근본적인 지혜는 예수님입니다. 예수님은 솔로몬보다 억만 배나 크고 지혜로우신 분입니다. 예수님은 솔로몬에게 지혜를 주신 분이시며 태초부터 있었던 지혜입니다.

그 예수님이 지금 당신 안에 살아 계십니다.

방언 기도는 안식과 상쾌함을 준다

"율법에 기록된 바 주께서 이르시되 내가 다른 방언을 말하는 자와 다른 입술로 이 백성에게 말할지라도 그들이 여전히 듣지 아니하리라 하였으니."(고전 14:21)

이 말씀은 이사야 28장 11~12절에 나옵니다.

"그러므로 더듬는 입술과 다른 방언으로 그가 이 백성에게 말씀하시리라. 전에 그들에게 이르시기를 이것이 너희 안식이요 이것이 너희 상쾌함이니 너희는 곤비한 자에게 안식을 주라 하셨으나 그들이 듣지 아니하였으므로."

오순절에 120명이 큰 소리로 방언을 말했지만 그것을 듣고 단 한 명도 예수를 믿지 않았습니다. 하지만 베드로가 한 설교를 듣고 3,000명이 믿고 구원을 얻었습니다.

방언은·믿는 자들에게 안식과 상쾌함을 위해 주신 것이기 때문에 120명은 새 기운을 얻고 행복해졌습니다.

"이것이 너희 안식이요 이것이 너희 상쾌함이니"라고 했습니다. 나는 이것을 매일 경험합니다. 내가 방언을 말하면 안식이 오고 상쾌함이 옵니다. 당신도 해보십시오.

"저도 방언을 말해 보았지만 그런 안식과 상쾌함을 느껴 보지 못했는데요. 어떻게 하면 될까요?"

방언을 조금만 말해서 그런 것입니다.

바울처럼 방언을 많이 말해 보십시오. 그러면 분명히 안식과 상쾌함이 올 것입니다. 한 시간을 넘기십시오.

방언 기도는 많이 할수록 좋습니다. 당신도 매일 오래 기도하겠다고 뜻을 정하고 하루에 1시간, 2시간, 3시간, 5시간, 7시간, 10시간, 12시간, 계속 방언으로 기도하십시오. 나는 매일 방언으로 7시간~10시간 기도합니다. 보통 한 시간 정도 기도하면 안식과 상쾌함을 느낍니다.

이사야 40장 31절에 새 힘을 얻는 비결을 말씀합니다.

"오직 여호와를 앙망하는 자는 새 힘을 얻으리니 독수리가 날개 치며 올라감 같을 것이요 달음박질하여도 곤비하지 아니하겠고 걸어가도 피곤하지 아니하리로다."

그렇습니다. 여호와를 앙망하십시오. 몸과 마음이 여호와를 앙망해도 새 힘을 얻지만 그보다 훨씬 더 빠르고 효과 있는 것이 영으로 여호와를 앙망하는 것입니다.

나는 '영마몸' 곧 영과 마음과 몸, 이 세 가지 모두를 통해 여호와를 앙망합니다. 어떻게요? 일단 내 마음으로는 주의 말씀을 깨닫고 생각한 것을 가지고 간절히 기도하며 주님께 묻고 그분의 세미한 음성 듣기를 사모합니다. 또한 몸으로는 무릎을 꿇고 손을 들거나 금식하며 기도합니다.

그 모든 것보다 더욱 중요하게 여기는 것이 바로 영으로 하루에 몇 시간씩 기도하는 것입니다. 이 세 가지를 다 하기 때문에 나는 늘 새 힘을 얻습니다. 내 몸과 마음은 피곤하지 않고 또 내 영은 약하지 않고 강하고 튼튼합니다.

하나님은 피곤한 사람에게 힘을 주시며 기운을 잃은 사람에게 기력을 주시는 분입니다. 비록 젊은이들이 피곤하여 지치고 장정들이 맥없이 비틀거려도 여호와를 앙망하는 사람에게는 새 힘을 주십니다. 그들은 독수리가 날개를 치며 솟아오르듯 올라가고 뛰어도 지치지 않으며 걸어도 피곤하지 않습니다. 그러므로 당신도 한 가지만 고집하지 말고 영마몸의 세 가지 기도를 다 하기 바랍니다.

구약 시대에는 방언 기도가 없었습니다. 기름 부으심을 받은 왕, 제사장, 선지자도 방언 기도를 하지 못했습니다. 새 언약의 시대인 오순절 이후로 방언 기도가 생겼고 하나님을 아버지라 부르는 120명 모두 방언을 말했습니다.

바울은 "너희 모든 사람보다 내가 방언을 더 많이 말한다"고 했습니다. 그만큼 유익하고 필요하다는 말입니다.

"나는 방언이 싫어요."

하나님이 좋은 것이라며 주신 것을 왜 당신이 싫어합니까? 방언을 진짜 싫어하는 것은 마귀와 그의 졸개인 귀신들입니다. 그들은 말합니다. "얘가 방언으로 기도하는 게 정말 싫어, 방언 소리를 들으면 내가 괴로워 미치겠어."

왜 그럴까요? 방언으로 기도하면 하나님의 나라가 이 땅에 권능으로 임하기 때문입니다. 그러면 귀신이 쫓겨 나가야 하니까 어떻게든 방언을 못하게 하려는 것입니다.

마귀는 방언을 못 받게 하고 못 하게 합니다.

"꼭 방언으로 기도해야 하나요?"

방언을 받지 않은 사람과 방언을 받아 놓고도 부정적인

말에 전염되어 사용하지 않는 사람이 그런 말을 합니다.

방언을 사모하고 받아서 많이 하는 사람은 그런 말을 하지 않습니다. 그리고 우리가 존경하는 사도 바울, 교회의 기초를 놓은 사도 바울, 성경을 많이 기록한 사도 바울이 방언 기도를 많이 했다는데 왜 방언을 안 합니까?

생각을 바꾸십시오. 성경에서 말하는 바울의 말은 바울 개인의 말이 아니라 성령에 감동된 하나님의 말씀으로 우리에게 주어졌습니다. 하나님의 말씀에서 "나는 너희가 다 방언 말하기를 원한다"고 했습니다. 그러면 "예, 아멘" 해야 합니다. 그러므로 하나님께 영광을 돌리게 됩니다.

"하나님은 미쁘시니라. 우리가 너희에게 한 말은 예 하고 아니라 함이 없노라. 우리 곧 나와 실루아노와 디모데로 말미암아 너희 가운데 전파된 하나님의 아들 예수 그리스도는 예 하고 아니라 함이 되지 아니하셨으니 그에게는 예만 되었느니라. 하나님의 약속은 얼마든지 그리스도 안에서 '예'가 되니 그런즉 그로 말미암아 우리가 '아멘' 하여 하나님께 영광을 돌리게 되느니라."(고후 1:18~20)

방언은 믿지 않는 자들을 위하는 표적이다

방언은 믿지 않는 자를 위한 표적입니다. "그러므로 방언은 믿는 자들을 위하지 아니하고 믿지 아니하는 자들을 위하는 표적이나 예언은 믿지 아니하는 자들을 위하지 않고 믿는 자들을 위함이니라."(고전 14:22) 이 말씀은 무슨 뜻일까요? 나도 잘 몰라서 성령님께 물었습니다.

'성령님, 제가 고린도전서 14장의 다른 말씀들은 알겠는데 이 구절은 잘 모르겠습니다. 예전에 여러 자료들을 찾아봤지만 각자 다르게 해석하고 있어서 명쾌하지가 않습니다. 이 구절은 도대체 무슨 뜻인가요?'

그러자 성령님께서 사도행전 사건을 떠올려 주셨습니다. 오순절에 성령이 임하고 120명이 방언을 말했을 때 각국에서 온 사람들이 그 소리를 듣고 놀랐습니다. 방언이 믿지 않는 자들을 위하는 표징이 되었던 것입니다. 그들은 "이게 무슨 일인가? 저들이 술에 취한 것 같다"고 말했습니다. 이 사건을 두고 '그때 120명이 말한 방언은 그 믿지 않는 자들을 위하는 표징이었다'는 깨달음을 주셨습니다.

"믿지 아니하는 자들을 위하는 표적"이란 구절을 주의해야 합니다. "믿지 아니하는 자들에게 주신 표적"이 아닙니다. "위한다"는 말은 '그들에게 필요하다'는 뜻입니다.

무엇이 필요합니까? 믿지 않는 자들에게는 방언이 필요한 것이 아닙니다. 믿지 않는 자들에게는 믿는 것이 필요합니다. 성령은 믿지 않는 자들에게 임하지 않습니다.

예수님은 "세상은 능히 그를 받지 못한다"고 하셨습니다. "그는 진리의 영이라. 세상은 능히 그를 받지 못하나니 이는 그를 보지도 못하고 알지도 못함이라. 그러나 너희는 그를 아나니 그는 너희와 함께 거하심이요 또 너희 속에 계시겠음이라."(요 14:17) 예수를 믿지 않는 사람이 성령과 방언을 받으려는 것은 위험한 일입니다. 성령과 방언은 오직 믿는 자들에게 주시는 하나님의 선물입니다.

바울은 믿지 않는 자들에게 "나는 너희가 다 방언 말하기를 원한다"며 이 편지를 쓴 것이 아닙니다. 이미 믿고 있는 고린도 교인들, 이미 성령과 방언을 받은 사람들에게 썼습니다. 방언은 받은 사람만 말할 수 있습니다. 노트북이 없는데 노트북을 사용하라고 말할 수 없고 자동차가 없는데 자동차를 운전하라고 말할 수 없는 것과 같습니다.

"표적" 곧 표징은 '어떤 길로 가라는 표시'를 말합니다.

방언은 "너희가 예수를 구주로 믿으면 이렇게 우리처럼 성령을 받게 된다"는 표지입니다. 그러므로 방언은 이미 의와 생명의 길을 달리고 있는 믿는 자들을 위한 표징이 아닙니다. 죄와 사망의 길을 달리고 있는 믿지 않는 자들을 위한 표징입니다. 하지만 표징만으로는 구원을 얻을 수 없습니다. 그것을 보고 충격을 받고 신기하게 여길 뿐입니다. 오순절 성령이 임할 때 모인 사람들이 그랬습니다.

"그들이 다 성령의 충만함을 받고 성령이 말하게 하심을 따라 다른 언어들로 말하기를 시작하니라. 그 때에 경건한 유대인들이 천하 각국으로부터 와서 예루살렘에 머물러 있더니 이 소리가 나매 큰 무리가 모여 각각 자기의 방언으로 제자들이 말하는 것을 듣고 소동하여 다 놀라 신기하게 여겨 이르되 '보라, 이 말하는 사람들이 다 갈릴리 사람이 아니냐? 우리가 우리 각 사람이 난 곳 방언으로 듣게 되는 것이 어찌 됨이냐? 우리는 바대인과 메대인과 엘람인과 또 메소보다미아, 유대와 갑바도기아, 본도와 아시아, 브루기아와 밤빌리아, 애굽과 및 구레네에 가까운 리비야 여러 지방에 사는 사람들과 로마로부터 온 나그네 곧 유대인과 유대교에 들어온 사람들과 그레데인과 아라비아인들이라. 우리가 다 우리의 각 언어로 하나님의 큰일을 말함을 듣는도다' 하고 다 놀라며 당황하여 서로 이르되 '이 어찌 된 일이냐?' 하며 또 어떤 이들은 조롱하여 이르되 '그들이 새 술에 취하였다' 하더라."(행 2:4~13)

그들은 "방언으로 제자들이 말하는 것을 듣고 소동하여 다 놀라 신기하게 여겨"(행 2:6~7) 크게 당황하고 조롱했지만 이때까지 한 명도 구원받지 못했습니다. 그들은 온 교회가 큰 소리로 방언을 말하는 장면을 보고 "새 술에 취했다"고 했습니다. 이 말은 곧 "미쳤다"는 것입니다.

표징을 보는 것과 그 표징을 따라가는 것은 다릅니다.

이때 베드로가 일어나 가르치는 말씀을 전했습니다.

120명의 제자들이 큰 소리로 방언을 말해서 그들이 구원을 받은 것이 아닙니다. 그것은 믿지 않는 자들에게 충격을 주는 표징이었을 뿐이었고 베드로의 가르치고 선포하는 설교를 통해 하루에 3,000명이 구원을 받았습니다.

120명의 방언 기도가 아닌 한 사람의 설교를 통해 예수를 믿게 된 것입니다. 그리고 그들은 기도하고 찬송하며 복음 안에서 교제를 나눴습니다. "그러므로 온 교회가 함께 모여 다 방언으로 말하면 알지 못하는 자들이나 믿지 아니하는 자들이 들어와서 너희를 미쳤다 하지 아니하겠느냐? 그러나 다 예언을 하면 믿지 아니하는 자들이나 알지 못하는 자들이 들어와서 모든 사람에게 책망을 들으며 모든 사람에게 판단을 받고 그 마음의 숨은 일들이 드러나게 되므로 엎드리어 하나님께 경배하며 하나님이 참으로 너희 가운데 계신다 전파하리라."(고전 14:23~25)

온 교회가 예배 시간에 방언만 말하고 있으면 안 됩니다. 기도회 시간에는 괜찮습니다. 배경 음악을 틀어 놓고 다들 조용히 방언으로 기도하면 아무 상관없습니다. 하지만 불신자가 오면 그를 만나서 복음을 전해야 합니다.

교회에 사람들이 모일 때는 몇 가지가 필요합니다.

무엇일까요? 찬송시와 가르치는 말씀과 하나님의 계시와 방언과 통역함입니다. 이 모든 것을 하되 덕을 세우기 위해 해야 합니다. "그런즉 형제들아, 어찌할까? 너희가 모일 때에 각각 찬송시도 있으며 가르치는 말씀도 있으며 계시도 있으며 방언도 있으며 통역함도 있나니 모든 것을 덕을 세우기 위하여 하라."(고전 14:26)

고린도 교회는 공적인 방언과 예언 사역자가 있었습니다. 바울은 그들에게 질서를 가르쳤습니다. 나도 그렇게 합니다. 내가 안수하며 축복하는데 그 사람의 입에서 예언이 나오는 경우가 종종 있습니다. 그러면 다른 사람들에게 기도를 멈추고 조용히 그 예언을 들으라고 말합니다.

"만일 누가 방언으로 말하거든 두 사람이나 많아야 세 사람이 차례를 따라 하고 한 사람이 통역할 것이요 만일 통역하는 자가 없으면 교회에서는 잠잠하고 자기와 하나님께 말할 것이요 예언하는 자는 둘이나 셋이나 말하고 다른 이들은 분별할 것이요 만일 곁에 앉아 있는 다른 이에게 계시가 있으면 먼저 하던 자는 잠잠할지니라."(고전 14:27~30) 이 말씀은 "누가 예언하면 다들 잠잠하고 들어라. 예언을 분별하라. 순서대로 예언하라"는 것입니다.

여기서 "자기와 하나님께 말할 것이요"(고전 14:28)라는 내용이 나옵니다. 방언은 '자기와 하나님께 말하는 것' 입니다. 그러므로 모든 사람이 듣도록 크게 말할 필요는 없습니다. 혼자 중얼거리듯 말하면 됩니다. 그러니 얼마나 좋습니까? 어떤 사람은 교회가 떠나가도록 큰 소리로 몇 시간 동안 방언으로 기도하는 경우가 있는데, 매일 그렇게 하는 것은 지혜롭지 못한 행동입니다. "저절로 그렇게 나오는 것이 아닌가요?" 그렇지 않습니다. 목소리를 크게 하고 작게 하고는 자신이 모두 제재할 수 있습니다.

"예언하는 자들의 영은 예언하는 자들에게 제재를 받나니"(고전 14:32)라고 했는데 이것은 방언에도 동일하게 적용됩니다. "모든 것을 품위 있게 하고 질서 있게 하라"(고전 14:40)고 했으므로 방언도 품위 있게 해야 합니다.

방언 기도를 많이 하십시오. 그리고 성경을 읽고 깨달음을 얻은 후에 다른 사람을 가르치며 세우십시오. 바울은 모든 사람이 하나씩 하나씩 예언할 수 있다고 했습니다.

"너희는 다 모든 사람으로 배우게 하고 모든 사람으로 권면을 받게 하기 위하여 하나씩 하나씩 예언할 수 있느니라. 예언하는 자들의 영은 예언하는 자들에게 제재를 받나니 하나님은 무질서의 하나님이 아니시요 오직 화평의 하나님이시니라."(고전 14:31~33)

모든 성도가 교회에서 잠잠함과 같이

"모든 성도가 교회에서 함과 같이."(고전 14:33)

이 중요한 구절을 빼고 그 다음 구절만 딱 잘라서 내세우며 강조하는 사람들이 많습니다. 무엇일까요?

"여자는 교회에서 잠잠하라."(고전 14:34)

이 두 구절이 하나인데 왜 나누어 절을 매겼을까요?

성경의 장절은 나중에 필요에 따라 만든 것입니다.

이 구절은 한 덩이입니다. "모든 성도가 교회에서 함과 같이 여자는 교회에서 잠잠하라."(고전 14:33~34)

그리고 그 다음 문장까지 이어집니다.

"모든 성도가 교회에서 함과 같이 여자는 교회에서 잠잠하라. 그들에게는 말하는 것을 허락함이 없나니 율법에 이른 것 같이 오직 복종할 것이요."

"나는 다른 사람과 다른 특별한 방언과 예언을 받았다"는 식으로 교회 안에서 크게 말하며 소란 피우지 말라는 것입니다. 그리고 그런 사람들 때문에 예언과 방언을 금하면 안 됩니다. 모든 사람은 예언하기를 사모해야 하며 교회에서는 방언 말하기를 금하지 말아야 합니다.

"그런즉 내 형제들아. 예언하기를 사모하며 방언 말하기를 금하지 말라."(고전 14:39)

모든 것을 품위 있게 하라

그러면 어떻게 해야 할까요?

바울은 품위와 질서를 강조했습니다. "모든 것을 품위 있게 하고 질서 있게 하라."(고전 14:40)

방언과 예언을 할 때 점잖고 적절한 소리로 하십시오.

성령님은 천박하고 무질서한 분이 아닙니다.

성령님은 고상하고 품위 있는 신사이십니다.

나는 그런 멋진 성령님이 좋습니다.

성령님은 최고이십니다.

축복 기도

초판 1쇄 발행 | 2024년 7월 30일
초판 4쇄 발행 | 2024년 8월 10일

지은이 | 김열방

발행인 | 김사라
발행처 | 날개미디어
등록일 | 2005년 6월 9일, 제2005-44호
주소 | 서울특별시 송파구 백제고분로9길 6(잠실동, A동 3층)
전화 | 02)416-7869
메일 | wgec21@daum.net

종이책 ISBN : 979-11-92329-43-7. 03230
전자책 ISBN : 979-11-92329-44-4. 05230

종이책값 20,000원
전자책값 20,000원